Stefan Gödde

Auf Entdeckungstour

Nice to meet you, Rom!

ins Herz der Stadt

POLYGLOTT

Relaxte Atmosphäre auf dem Monte Pincio oberhalb der Piazza del Popolo

Himmlisches Farbenspiel:
die Blaue Stunde am Petersplatz

Willkommen in der Ewigen Stadt!

ROMA heißt rückwärts gelesen: AMOR.
Und das kann doch kein Zufall sein, oder?
Rom zieht magisch an und lässt einen nie wieder los!

Was genau ist es wohl? Vielleicht das unvergessliche Farbenspiel, wenn die Sonne über der Ewigen Stadt untergeht und so die uralten Steine des Forum Romanum in ein warmes Licht taucht? Oder die verlockenden Gerüche auf dem Campo de' Fiori? Der Duft nach frischen Tomaten, aromatischem Basilikum und knuspriger Pizza aus dem Holzofen? Oder sind es doch die Menschen auf den Straßen? Zum Beispiel das Pärchen, das sich gerade so lauthals streitet, als ginge die Welt unter – und sich kurz darauf so intensiv küsst, als gäbe es kein Morgen mehr? Ja, Rom ist intensiv. Und Rom betört. Vor allem durch die unerhörte Schönheit seiner Kunstschätze, von denen andere Metropolen nicht einmal zu träumen wagen. Sprechende Steine, wohin mal nur schaut, als Erbe eines Weltreiches. Und trotzdem hat sich Rom auch einen recht dörflichen Charakter bewahrt, mit lokalen Traditionen und kulinarischen Spezialitäten, die es zu entdecken gilt.

Wir besuchen Sergio und Vilma – römischeres Essen als bei den beiden finden Sie nirgendwo sonst. Mit der »Macchina Barocca« in der Jesuitenkirche werden Sie ein Schauspiel der Extraklasse erleben. Wir begegnen einem weltbekannten Liebesheiligen, bestaunen Kunstwerke aus Knochen, machen spannende und überraschende Entdeckungen im Vatikan und feiern in der lässigsten Bar der Stadt. Ach und übrigens, wir erfinden auch ein neues lateinisches Wort, das sogar im offiziellen Lexikon landen wird. Kurzum: Wir entdecken gemeinsam mein persönliches Rom, abseits der Touristenströme.

Kommen Sie mit – ich zeige Ihnen den Weg!

Ihr

Meine Lieblingsorte in Rom

Im Da Baffetto gibt's die knusprigste Pizza der Stadt (S. 194).

Das Marcellustheater am Fuß des Kapitolinischen Hügels

Rom-Klassiker: das Kolosseum – und ein »gelato«

Giardino degli Aranci (S. 76)

*Von profan bis heilig:
Rom bietet alles!*

Die Heilige Teresa in Ekstase (S. 180)

Bruder Thomas zeigt den einfachen Trick: Unten zuhalten, und schon kann man aus den »nasoni«, den großen Nasen der römischen Brunnen, trinken.

Santa Maria in Trastevere zählt mit ihren uralten Mosaiken zu den beeindruckendsten Kirchen Roms (S. 168).

Die Engelsbrücke gehört zu den schönsten Fotomotiven der Stadt. Was kaum jemand bemerkt: Die zehn prachtvollen barocken Engel tragen jeweils Gegenstände in der Hand, die mit der Passionsgeschichte Jesu verbunden sind: Kreuz, Dornenkrone, Lanze ... Achten Sie mal drauf!

Mein Rom

Corridoio delle Aquile: Die nach 2000 Jahren immer noch erhaltenen Wand- und Deckenfresken im »Adler-Korridor« der Domus Aurea geben eine Ahnung von der einstigen Pracht.

1

Domus Aurea – das Goldene Haus

Eine groteske Entdeckung,
Neros Größenwahn in Virtual Reality
und ein Wasserfall aus Licht

Ein vergessener Palast

64 nach Christus – Rom brennt, lichterloh, ganze sechs Tage lang. 70 Prozent der Stadt fallen den Flammen zum Opfer, die Hälfte von Roms Bevölkerung wird obdachlos. Und Kaiser Nero? Der »fiedelt, während Rom brennt«, sagt zumindest ein bekanntes Sprichwort. Rom liegt also in Schutt und Asche – mit einem für Nero günstigen Nebeneffekt: Bauplatz wird frei.

Und so lässt der Kaiser in nur vier Jahren eines der größten und grandiosesten Bauwerke der antiken Welt erschaffen: die Domus Aurea – das Goldene Haus. Mit Marmor, Edelsteinen, künstlichem Himmel und einem riesigen Teich, auf dem sogar Schlachtschiffe segelten. Und das Tolle ist: Wir alle können diesen Palast heute besuchen – und mit einer Virtual-Reality-Brille Neros Größenwahn quasi hautnah miterleben.

Ein Sturz mit grotesken Folgen

Das Goldene Haus des Nero war lange nur eine Legende. Ja, es gab zwar Gerüchte. Aber jahrhundertelang blieb der sagenumwobene Kaiserpalast verschollen. Bis zu diesem Nachmittag, irgendwann im Jahr 1480. Ein junger Römer ist auf dem Oppius-Hügel im Zentrum Roms unterwegs, als er urplötzlich im Boden verschwindet. Einfach so. Durch eine Felsspalte fällt er in etwas, was zunächst wie eine kleine, versteckte Höhle aussieht – aber was ist das? Immer noch zitternd vor Schreck versucht sich der junge Mann zu orientieren. Sind das etwa Zeichnungen an der Wand? Und was zeigen diese seltsamen bunten Muster? Blumen, die sich in Tiere verwandeln, die sich wiederum in Menschen verwandeln? Wie grotesk! Davon muss er unbedingt den anderen erzählen.

Was der junge Mann damals natürlich nicht ahnen konnte: Durch die Felsspalte war er direkt in Neros Goldenes Haus gefallen. Es existierte also wirklich. Was für ein Schatz, was für eine Aufregung! Immer mehr Menschen kamen zum Oppius-Hügel, um diese einzigartige Höhle mit eigenen Augen zu sehen. Auch die gefragtesten Künstler der Zeit machten Exkursionen in die Unterwelt: Pinturicchio und Raffael. Sie ließen sich in die Höhle abseilen, um im flackernden Schein ihrer Fackeln die Wandgemälde ganz genau zu studieren – und zu kopieren. Raffael malte später sogar die Papstgemächer mit ähnlichen Ornamenten aus. Diese seltsam anmutenden Verzierungen, halb Tier, halb Mensch oder Pflanze, die wurden zu einem

Genrebegriff und Stilmittel der späten Renaissance.

Was für eine faszinierende Fantasiewelt, die per Zufall in dieser Grotte wiederentdeckt wurde! Und vielleicht haben Sie es bereits geahnt: Ja, tatsächlich, unser heutiges Wort »grotesk« – und auch die Kunstform der »Groteske« – haben ihren Ursprung genau hier, in dieser »Grotte« des Nero.

Neros Motto: klotzen statt kleckern!

Aber besagte Höhle war natürlich nur ein winzig kleiner Teil der prachtvollen Domus Aurea des Kaisers. Der Palast soll sich über drei Hügel Roms und gigantische 80 Hektar erstreckt haben – eine Fläche rund 25-mal so groß wie das heutige Kolosseum. Und warum kleckern, wenn man auch klotzen kann? Schon Nero wusste offenbar, dass der erste Eindruck, den man hinterlässt, der

Fantasievolle Ornamente: Die »Grotesken« haben ihren Namen aus dieser »Grotte« des Nero.

bleibendste ist. Und so wurden die Besucher des Kaisers von einer riesenhaften, 35 Meter hohen Nero-Statue begrüßt. Sie überragte sogar eines der antiken Weltwunder, den legendären Koloss von Rhodos, um etliche Meter. Wie gigantisch der gesamte Komplex gewesen sein muss, beschreibt der römische Schriftsteller und Zeitzeuge Sueton:

In der Eingangshalle des Hauses hatte eine 120 Fuß hohe Kolossalstatue mit dem Porträt Neros Platz. Die ganze Anlage war so groß, dass sie drei Portiken von einer Meile Länge und einen künstlichen See umfasste, der fast ein Meer war, umgeben von Häusern, so groß wie Städte. Dazu kamen Villen mit Feldern, Weinbergen und Weiden, Wälder voller wilder und zahmer Tiere aller Arten. Einige Teile des Hauses waren vollständig vergoldet und mit Gemmen und Muscheln geschmückt. In den Speisesälen gab es bewegliche Decken aus Elfenbein, durch die Blumen herabgeworfen und Parfüm versprengt werden konnte. Der wichtigste von ihnen war kreisrund und bewegte sich bei Tag und bei Nacht ständig, wie der Himmel. Die Bäder wurden mit Meer- und Schwefelwasser gespeist. Als Nero nach Abschluss der Bauarbeiten das Haus einweihte, zeigte er sich sehr zufrieden und sagte, dass er jetzt endlich in einem Haus wohne, das eines Menschen würdig sei. (Sueton, Nero, 31)

Eine nicht so nette Familie

Unter mangelndem Selbstbewusstsein scheint der gute Nero also nicht gelitten zu haben. Und er hatte wohl einen eher komplizierten Charakter. Kein Wunder, wenn man einen Blick auf seinen Lebenslauf wirft: Nero wurde zum Herrscher über ein Weltreich, als er gerade mal 16 Jahre alt war – generell ja ein eher schwieriges Alter. Seine Mutter, Agrippina die Jüngere, wurde verdächtigt, seinen Stiefvater Claudius mit einem Pilzgericht vergiftet zu haben. Fünf Jahre später wiederum ließ Nero eben jene Agrippina – seine eigene Mutter – umbringen, weil er nicht in ihrem Schatten stehen wollte. Agrippina soll zu ihren Mördern gesagt haben: »Stecht mit Euren Messern genau hier rein, in meinen Bauch – dort, wo ich das Monster genährt habe.« Schwierige Familienverhältnisse also.

Sein Volk hielt Nero zu Anfang noch mit großen Festen und Spektakeln bei Laune – zum Beispiel im Jahr 59 mit der »Juvenalia«, einer Feier zum Gedenken an seine erste Bartrasur, kein Scherz. Beim Senat hingegen war Nero eher unbeliebt,

Chefarchäologin Francesca Guarneri erklärt die enormen Ausmaße der Domus Aurea. Der Kaiserpalast war 25-mal so groß wie das Kolosseum.

weil er sich selbst als großen Sänger und Schauspieler betrachtete. Schauspieler genossen damals allerdings ungefähr das gleiche Ansehen wie Prostituierte, und so fand Roms Oberschicht, dass derartige Ambitionen eines Kaisers schlichtweg unwürdig seien. Nero schien all das aber nicht zu stören.

Im Jahr 59 ließ Nero die Juvenalia ausrichten, ein großes Fest zum Gedenken an seine erste Bartrasur.

Rom war zu jener Zeit die größte Stadt der Welt, die erste Stadt der Menschheitsgeschichte, die mehr als eine Million Einwohner hatte. Überfüllt, dreckig und gefährlich war es hier. Als Nero 26 Jahre alt war, vier Jahre vor seinem Selbstmord, entflammte dann das große Feuer. Ja, es hatte auch schon zuvor viele Feuer in der Stadt gegeben, doch keines war so verheerend gewesen wie dieses. Aber hatte Nero den Brand tatsächlich selbst gelegt, wie viele behaupteten? Machte er stattdessen die Christen – eine damals noch kleine Sekte – zu Sündenböcken, indem er ihnen die Schuld an der Feuersbrunst gab? Und zündete er daraufhin wirklich Christen an, die er vorher gekreuzigt hatte, um mit diesen »menschlichen Fackeln« seinen Garten zu beleuchten?

Ja, es gibt viele extrem verstörende Geschichten rund um Kaiser Nero, die ihn als extravaganten und ruchlosen Psychopathen schildern, der nicht nur seine eigene Mutter umbringen ließ, sondern auch seinen Stiefbruder und seine Ehefrauen. Nero, ein bizarrer Tyrann also!

Doch war er das wirklich?

Der heutige Blick auf den Kaiser

Ich treffe mich mit Francesca Guarneri, der Chefarchäologin der Domus Aurea. »Nero war gar nicht so verrückt, wie alle immer denken«, sagt Francesca, »im Gegenteil, er war sogar ein echtes Genie, zumindest was seine Selbstvermarktung betrifft. Würde er heute leben, dann wäre er ganz bestimmt bei Facebook und Instagram vertreten. Er hat die Stadt großartig wiederaufbauen lassen, war ein leidenschaftlicher Künstler und ein cleverer Politiker, der vom Volk geliebt wurde. Und übrigens«, fährt Francesca fort, »er hat auch ziemlich beeindruckende Special Effects erfunden, Du wirst sie gleich mit eigenen Augen sehen. Komm, Stefan, lass uns mal reingehen.«

Und so nimmt mich Francesca mit in ein faszinierendes unterirdisches Labyrinth. Insgesamt 60 Räume können besichtigt werden: bis zu zwölf Meter hohe Tonnengewölbe, Korridore, riesenhafte Gänge, die sich immer wieder verzweigen. Säle, die in schwaches Licht getaucht sind und heute wie uralte, gigantische Kellerräume wirken, obwohl manche von ihnen zur Zeit Neros einen Blick in den freien Himmel erlaubten.

Francesca Guarneri erklärt mir die Geheimnisse der Domus Aurea

Das ist schon ziemlich verwirrend hier unten. Wir haben uns eben zwar gemeinsam den Lageplan angeschaut, aber ich weiß wirklich nicht mehr, wo wir gerade sind ...
Für Laien ist diese gesamte Anlage tatsächlich schwer zu durchschauen. Manche Areale, durch die wir jetzt gehen, waren überdacht. In anderen Bereichen konnte man damals hingegen den Himmel sehen. Das absolut Neue an der Domus Aurea war der Einsatz von Mosaiken. Bis dato hatte man immer nur Fußböden mit ihnen dekoriert. Hier aber findet man Mosaike zum ersten Mal auch als Wand- und Deckenschmuck. Einige Räume waren mit Gold verziert. Früher dachte man, dass daher auch der Name »Goldenes Haus« herrührt. Heute vermuten wir aber, dass es eher von der Vorstellung kommt, der Kaiser sei der personifizierte Sonnengott. In manchen Zimmern gab es Springbrunnen, in anderen Pools. Und dann waren da ja auch noch die Parallelgänge für die Bediensteten, damit der Kaiser niemals ungewollt seinem Personal begegnen musste.

Was ist mit diesen Räumen während all der Jahrhunderte eigentlich passiert, als die Domus Aurea vergessen war? Sie ist ja nur zufällig wiederentdeckt worden.
Du musst Dir vorstellen, all diese Räume waren quasi bis obenhin mit Schutt aufgefüllt, weil man darüber die Trajansthermen bauen wollte. Da durften natürlich keine Hohlräume übrigbleiben, weil es sonst zu instabil gewesen wäre. Die »Grotte«, die zuerst wiederentdeckt wurde, war allerdings nicht vollständig befüllt ...

... deshalb war der junge Mann also in ein Loch gefallen?
Ganz genau. Er landete auf einem Schutthaufen. Und obwohl er zwar runtergefallen war, befand er sich ironischerweise trotzdem ganz oben im Raum, also fast an der

Decke. Wir haben an den Wänden übrigens auch Unterschriften der Besucher dieser Höhle gefunden. Nicht nur Raffael und Pinturicchio waren hier und haben sich verewigt. Später kamen auch noch Leute wie Casanova und der berühmt-berüchtigte Marquis de Sade.

Über unseren Köpfen befinden sich jetzt also die Reste der Trajansthermen? Das muss doch ein enormer Druck sein, der auf den freigelegten Gewölben lastet.

Das ist tatsächlich ein großes Problem. Vor einigen Jahren war die Domus Aurea deshalb aus Sicherheitsgründen geschlossen. Heute ist es für alle Besucher aber vollkommen ungefährlich, hier unten zu sein. Doch es gibt noch weitere Probleme. Vor allem im Winter sickert Wasser herunter, eine große Herausforderung für unsere Konservatoren. Über uns ist auch ein Park mit vielen Bäumen, deren Wurzelwerk tief nach unten greift. Die Wurzeln bedienen sich an den Mineralien im Mauerwerk. Wir haben deshalb jetzt ein Pilotprojekt gestartet, um mit neuen Bodenschichten die Domus Aurea bestmöglich zu schützen. Es gibt immer etwas zu tun.

Hier – im repräsentativen Zentrum des Goldenen Hauses – empfing Nero seine Gäste.

Licht an ...

Ohne Francesca würde ich hier unten definitiv die Orientierung verlieren zwischen den 2000 Jahre alten Mauern, die bestimmt eine Menge zu erzählen hätten von ihrer früheren Pracht. Und Francesca scheint meine Gedanken gelesen zu haben, denn mit einer kleinen Fernbedienung in ihrer Hand lässt sie plötzlich die alte Zeit wiederauferstehen: Sie knipst Lichter an, die einen Sonnenaufgang simulieren.

So hat es also zu Neros Zeiten ausgesehen, als das Licht in die gigantischen Räume eindrang und im genau richtigen Winkel die Fresken beleuchtete! »Schau nur«, sagt Francesca begeistert, »mit welcher Finesse die Architekten damals das Element Licht benutzten. Ist das nicht unglaublich? Und sieh Dir diese Grotesken an, die damals schon Raffael beeindruckt haben. Aber lass uns in den nächsten Raum gehen, dort kannst Du in die alte Pracht der Domus Aurea wirklich komplett eintauchen.«

... und Brille auf!

Und tatsächlich. Nach ein paar Metern sind wir in einem Raum angelangt, in dem es mehrere Sitzplätze gibt – mit angeschlossenen Virtual-Reality-Brillen. Ich setze

Mit einer Virtual-Reality-Brille kann man in Neros Welt komplett eintauchen.

mir eine dieser Computerbrillen auf und starte eine Zeitreise, 2000 Jahre zurück in die Welt des Nero. Wo gerade noch eine zugemauerte Wand war, öffnet sich jetzt der freie Blick auf einen riesigen See – dort, wo sich heutzutage das Kolosseum befindet. Eine enorme Wasserfläche, auf der sogar Schlachtschiffe Platz hatten. Ich schaue mich um, und wo eben noch dunkle Steinwände waren, erstrahlen jetzt die schönsten Fresken in bunten Farben. Marmor und Mosaiken überall. Was für eine Pracht, was für ein Gigantismus! Ein 360-Grad-Blick zurück in die Vergangenheit, der mich erst jetzt richtig verstehen lässt, was dieser Ort einmal war: der real gewordene Traum eines Wahnsinnigen – und eines Genies.

Schöner wohnen! Der Kaiser mochte es, sich mit Marmor und prunkvollen Mosaiken zu umgeben.

»Lass uns noch einen Raum weitergehen«, schlägt Francesca vor, nachdem ich die Brille wieder abgenommen habe, »dann kannst Du Dich wie Nero höchstpersönlich fühlen.« Würde das irgendjemand mit gesundem Menschenverstand freiwillig wollen, denke ich so bei mir. Doch schon sind wir in einem achteckigen Raum angekommen, mit einem kreisrunden Loch in der Decke: im repräsentativen Zentrum der Domus Aurea.

Hier hat Kaiser Nero also seine Gäste empfangen?

Ja. Und um besonders viel Eindruck zu machen, hat er dazu Spezialeffekte benutzt. Die zeige ich Dir jetzt. Siehst Du dort hinten die schräge Rinne? Dort war früher ein Wasserfall, den wir heute mithilfe von Licht simulieren können. Und am unteren Ende der Rinne ist mittendrin ein Stein, den man heute noch sehen kann. Du musst Dir vorstellen: Das Wasser kam von oben durch die Rinne hinabgeschossen, traf auf den Stein und erzeugte einen Sprühnebel. Zu einer ganz bestimmten Tageszeit traf dann das Licht aus der Deckenöffnung auf diesen feinen Nebel – und erzeugte einen künstlichen Regenbogen.

Das klingt ziemlich schräg. Aber wozu der ganze Aufwand? Welche Rolle spielte Nero in diesem Schauspiel?

Der Kaiser stand genau unterhalb des Wasserfalls, also quasi mitten im Regenbogen. Stell Dir vor: ein Herrscher, umgeben von einem schillernden Kranz bunter Farben. Du musst zugeben, das ist ein ziemlich cooler Special Effect.

Francesca lacht und ich, halb amüsiert, aber trotzdem schwer beeindruckt, kann ihr nur beipflichten und antworte:»Ja, Nero hatte wirklich ein Händchen für dramatische Auftritte.« Denn erinnern wir uns zurück an die Beschreibung des römischen Schriftstellers Sueton: In der Domus Aurea gab es auch noch eine bewegliche Himmelsscheibe aus Elfenbein, die von Sklaven rund um die Uhr angekurbelt wurde, es duftete nach Parfüm, und aus einer Öffnung in der Decke regneten Rosenblätter herab.

Sich fühlen wie ein römischer Kaiser

Ich gehe auf den ehemaligen Wasserfall zu und stelle mich auf genau jene Stelle, auf der vor gut 2000 Jahren auch Kaiser Nero stand. Und ist es nicht verrückt? Während damals die meisten Teile Europas nicht viel mehr kannten als einfachste Hütten, harte Feldarbeit, Krankheit, Krieg und Hungersnot, stand genau hier, in diesem gigantischen Goldenen Haus, der junge Kaiser Nero, Herrscher über ein enormes Weltreich, eingehüllt in einen künstlichen Regenbogen.

Der Kaiser stand unterhalb des Wasserfalls, also quasi mitten im Regenbogen: ein Herrscher, umgeben von einem schillernden Kranz bunter Farben.

»Was für eine unglaubliche Geschichte, vielen Dank für diese spannenden Einblicke!«, bedanke ich mich. Doch Francesca sieht, dass ich trotz der modernen Technik, trotz Lichtprojektionen und Virtual Reality noch immer ziemlich überfordert bin von diesem Ort. »Ich glaube«, sagt sie, »dass man beim ersten Besuch wohl nur die monumentale Architektur wahrnehmen kann. Beim zweiten oder dritten Besuch erst bemerkt man dann all die Details, die unglaubliche Kunstfertigkeit, die Farben, die fantasievollen Fresken… aber vermutlich braucht man viele Jahre, um diesen Ort wirklich zu begreifen.«

Was für sie persönlich der faszinierendste Aspekt an der Domus Aurea ist, möchte ich wissen. Francescas Augen glitzern:»Ich glaube, es ist die Tatsache, dass wir immer wieder neue Dinge entdecken, neue Details, neue Räume, neue Ornamente. Und Du musst bedenken, noch so viele Räume sind voll mit Schutt. Wir müssen zuerst alles stabilisieren, bevor wir diese Räume freilegen können. Es ist eine kontinuierliche Entdeckungsreise, die immer wieder Überraschungen bereithält. Denn dieser Ort ist wie Nero selbst – ziemlich unberechenbar!«

Was?

Eine der spannendsten archäologischen Sehenswürdigkeiten Roms erkunden: Kaiser Neros gigantisches Goldenes Haus, die Domus Aurea. Mithilfe von Virtual-Reality-Brillen kann man sogar komplett in die alte Pracht eintauchen. 1999 öffnete das Goldene Haus zum ersten Mal die Tore für zahlende Besucher, danach war die Ausgrabungsstätte wegen Einsturzgefahr oft jahrelang immer wieder geschlossen. Heute ist es vollkommen ungefährlich, an einer geführten Tour durch die beeindruckenden, gut 2000 Jahre alten Gewölbe teilzunehmen. Bringen Sie einen Pullover mit, es ist konstant 10 Grad Celsius kühl.

Kaiserlicher Special-Effect: Genau hier stand Nero, umhüllt von einem künstlichen Regenbogen.

Wie, wo und wann?

Geführte Touren finden für Individualbesucher und Gruppen statt – auf Italienisch, Englisch, Deutsch, Französisch und Spanisch (tagesaktuelle Informationen dazu finden Sie auf der Website der Domus Aurea von Coop Culture, siehe unten). Eine vorherige Anmeldung ist unbedingt erforderlich. Entweder telefonisch, montags bis sonntags zwischen 10 und 15 Uhr unter Tel. +39 06 39 96 77 00

Oder jederzeit online:

• www.coopculture.it/en/poi/domus-aurea
• parcocolosseo.it/en/area/
  the-domus-aurea

Preise

Abhängig davon, ob die Besuche an Werktagen oder an Wochenenden stattfinden und ob es Sonderausstellungen gibt, schwanken die Preise zwischen 13 und 19 Euro pro Person.

Öffnungszeiten

• Täglich 9 bis 18.30 Uhr
• Letzter Einlass 60 Minuten (Mo bis Do) oder 90 Minuten (Fr bis So) vor Schließung

Wegbeschreibung und Adresse

Ganz in der Nähe des Kolosseums treffen die Via Nicola Salvi und die Via Labicana aufeinander. Genau dort geht die Via della Domus Aurea ab – man muss also zunächst in den Parco del Colle Oppio hinaufgehen – nach wenigen Schritten befindet sich der Eingang auf der linken Seite.

• Via della Domus Aurea 1, 00184 Rom

TIPPS

HOTELS UND HERBERGEN – UND DIE BESTE REISEZEIT

In Rom gibt es unzählige Hotels in allen Lagen und Preisklassen. Auch Privatvermietungen werden immer beliebter, meist über Airbnb. Hier lohnt sich ein Blick auf die Internetbewertungen anderer Gäste. Achten Sie in den Sommermonaten auf Klimatisierung, denn in der Ewigen Stadt kann es brütend heiß werden, gerade rund um »Ferragosto« am 15. August. Dieser Tag fällt mit Mariä Himmelfahrt zusammen und ist in Italien einer der wichtigsten kirchlichen und familiären Feiertage. Rund um diese heißen Tage ist Rom extrem leer – viele Familien sind am Meer oder im Grünen. Entsprechend entspannt geht es in den Museen der Stadt zu; eine gute Gele-

genheit, die Sixtinische Kapelle einmal ohne viele Touristen zu erleben. Weiterer Pluspunkt: Während des römischen Sommers, der »Estate Romana«, gibt es nicht nur ein vielfältiges Kulturprogramm, auch einige der sonst verschlossenen Monumente sind für Besucher zugänglich. Zum Beispiel der Passetto, ein 800 Meter langer Geheimgang zwischen Vatikan und Engelsburg, der den Päpsten früher als Fluchtweg diente. Die angenehmsten Temperaturen herrschen im Frühjahr und Herbst, doch Rom ist zu jeder Jahreszeit ein äußerst attraktives Reiseziel.

• **www.turismoroma.it/de**

HERBERGEN

Eine ausführliche Liste preiswerter Pilgerunterkünfte für Einzelreisende und Gruppen finden Sie unter www.pilgerzentrum.net/informationen/unterkunfte. In manchen Häusern gibt es eine Schließzeit, meist gegen 23 Uhr oder Mitternacht. Sollten Sie sowieso zu den Frühaufstehern gehören (was in Rom eine gute Idee ist, denn viele Kirchen öffnen früh, machen dafür eine sehr lange Mittagspause), sind solche Unterkünfte sehr praktisch, denn sie befinden sich oft in toller Lage. So liegt z. B. die Herberge Maria Santissima Bambina direkt am Petersplatz und hat eine fantastische Dachterrasse.

Durch den Passetto konnten in Bedrängnis geratene Päpste vom Vatikan in die Engelsburg fliehen.

Istituto Maria Santissima Bambina

- Via Paolo VI 21 | 00193 Roma
  Tel. +39 06 69 89 35 11
  www.suoredimariabambina.org
  imbspietro@mariabambina.va
  Schließzeit: 23 Uhr
  BB, HP, VP, 35 Zimmer

Casa Teutonica – Gästehaus des Deutschen Ordens

- Via Nomentana 421 | 00162 Roma
  Tel. +39 06 86 21 80 12
  www.gaestehaus-rom.it
  booking@deutscher-orden.it
  Schließzeit: nein
  BB, 24 Zimmer, auch für Gruppen
  Hauskapelle, eigener Parkplatz

Casa Santa Maria

Begegnungszentrum der Erzdiözese München und Freising

- Via delle Medaglie d'Oro 400
  00136 Roma | Tel. +49 89-21 37 31 50
  www.casasantamaria.de
  info@casasantamaria.de

HOTELS – MITTLERE UND GEHOBENE KATEGORIE

Hotel della Conciliazione

Sehr zentral im Borgo Pio am Vatikan

- Borgo Pio 163/166 | 00193 Roma
  Tel. +39 06 68 75 400
  www.hotelconciliazione.it
  hotelconciliazione@4lcollection.com

Palazzo Cardinal Cesi

Praktisch direkt am Petersplatz

- Via della Conciliazione 51
  00193 Roma
  Tel. +39 06 68 40 39
  www.palazzocesi.it
  info@palazzocesi.it

Starhotel Michelangelo

- Via della Stazione di San Pietro 15
  00165 Roma | Tel +39 06 39 87 39
  www.starhotels.com
  reservations.michelangelo.rm@
  starhotels.it

Hotel Ponte Sisto

- Via dei Pettinari 64 | 00186 Roma
  Tel. +39 06 68 63 100
  www.hotelpontesisto.it
  info@hotelpontesisto.it

HOTELS – PURER LUXUS

Hotel de Russie

- Via del Babuino 9
  (an der Spanischen Treppe)
  00187 Roma | Tel. +39 06 32 88 81
  www.roccofortehotels.com
  reservations.derussie@roccoforte
  hotels.com

Bio Raphael Hotel

- Largo Febo 2 (an der Piazza Navona)
  00186 Roma | Tel. +39 06 68 28 31
  www.raphaelhotel.com
  booking@raphaelhotel.it

Sankt Peter aufs Dach gestiegen! Von der Kuppel des Petersdoms gibt's den besten Blick auf die Piazza San Pietro. Die Kolonnaden Berninis bilden die Staatsgrenze zwischen dem Vatikan und Italien.

2

Kurioses in und um Sankt Peter

Nachrichten aus dem Fegefeuer, eine der ersten Babyklappen der Welt und die Geburt am Papstaltar

Kleine Wunder im großen Dom

Schon Goethe wusste: Man sieht nur das, was man weiß! Und hatte er damit nicht vollkommen recht? Da kann man unzählige Male an einem Bauwerk vorbeigehen – aber die interessantesten Geschichten verpasst man trotzdem.

Ich schlage Ihnen einen Deal vor: Ich nehme Sie mit an Orte, die Sie bestimmt schon mal gesehen haben. Und ich verspreche Ihnen, dass Sie die versteckten Geschichten rund um diese Orte nie wieder vergessen werden! Oder wussten Sie etwa, dass am Papstaltar im Petersdom eine Geburt stattfindet? Mit schmerzhaften Wehen und allem Drum und Dran? Na also. Kommen Sie mit!

Erstaunliches im Petersdom

Beeindruckend und überwältigend ist er durch seine schiere Größe. Aber wenn man nicht nur das große Ganze sieht, sondern genau hinschaut, kann man erstaunliche Details entdecken. Zum Beispiel am Papstaltar, der 1633 eingeweiht wurde. Über diesem erhebt sich majestätisch ein kunstvoller Baldachin, der fast 30 Meter hoch ist und damit das größte Bronzegebilde der Welt. Berninis Kunstwerk befindet sich direkt über dem Grab des Apostelfürsten Petrus. Und früher durfte hier nur ein Papst die Messe zelebrieren. Seit dem Zweiten Vatikanischen Konzil ist es auch anderen ausgewählten Priestern gestattet.

Daumenkino in Marmor

Aber lassen Sie uns einmal rund um den Altar gehen. Fällt Ihnen an den Eckpfeilern etwas auf? Wir sehen acht päpstliche Marmorwappen, in denen sich kleine Frauenköpfe befinden. Doch schauen Sie nochmal genauer hin. Ja tatsächlich, es ist fast so wie in einem Film: Bild für Bild gestaltet sich die Szene ein wenig anders. Und aneinan-

Links: Für den Baldachin über dem Papstaltar wurden 93 Tonnen Bronze verarbeitet.

Gut 20000 Quadratmeter und Platz für 20000 Menschen: die »Basilica di San Pietro in Vaticano«.
Bischofskirche des Papstes ist der Petersdom jedoch nicht, sondern »San Giovanni in Laterano«.

Das päpstliche Wappen ist an allen Eckpfeilern des Baldachins zu sehen.

dergereiht ergibt sich quasi eine Bewegung – die frühe Form des Daumenkinos. Einmal sieht das Frauengesicht jung und entspannt aus. Auf dem nächsten Pfeiler eher angestrengt. Dann: zerzauste Haare, verdrehte Augen. Und hier: das Gesicht schreiend und schmerzverzerrt. Wir sehen eine Frau während eines Geburtsvorgangs. Und lassen Sie mal ein bisschen Ihre Fantasie spielen: Das Relief unterhalb des Gesichts könnte Teil eines Wappens sein, klar. Aber nicht vielleicht auch der Bauch einer schwangeren Frau? Ein Bauch, der zunächst flach wirkt und dann immer rundlicher? Und darunter … ganz genau: die stilisierte Form des weiblichen Geschlechts.

Ist es nicht unglaublich? Millionen Besucher aus aller Welt bewundern jedes Jahr den Baldachin von Bernini, doch wohl nur die wenigstens von ihnen kennen diese Geschichte: Die Lieblingsnichte von Papst Urban VIII. ist schwanger, so heißt es – doch es sieht nicht gut aus für die Nichte und ihr Baby. Beide sind in Lebensgefahr. Und da macht Urban VIII. ein Versprechen: Sollte die Geburt gelingen und seine Nichte ein gesundes Kind zur Welt bringen, will der Papst in Erinnerung an die Erhörung seiner Gebete einen großartigen Baldachin über dem Altar errichten lassen.

Und noch heute können wir alle das Ende dieser Geschichte miterleben: Am vorderen rechten Pfeiler des Altars sehen wir das Gesicht eines süßen, pausbäckigen Babys. Das gute Ende also einer schwierigen Geburt – Gott sei Dank! Eine andere Version der Geschichte geht allerdings so: Bernini selbst ist – sozusagen – die Schwangere, und zwar bei der anstrengenden Geburt des Baldachins. Denn die Fertigstellung dauerte nicht etwa neun Monate, sondern strapaziöse neun Jahre. Welche der beiden Geschichten stimmt? Wer weiß das schon! Denn für Anekdoten wie diese gilt – wie so oft – das römische Sprichwort: *Se non è vero è ben trovato* – Wenn die Story nicht wahr ist, dann ist sie zumindest gut erfunden!

Der Krönungsstein und ein paar Trunkenbolde

Noch ein kleines Kuriosum innerhalb des Petersdoms gefällig, das praktisch niemand bemerkt? Stellen Sie sich einmal auf den roten Porphyrstein im Eingangsbereich der Basilika. Auf genau diesem roten Kreis wurde Karl der Große am Weihnachtsfest 800 zum Kaiser gekrönt – der Stein befand sich damals allerdings vor dem Papstaltar und wurde erst später hierher, ans andere Ende der Basilika, verlegt. Nun drehen Sie sich vom Porphyrstein um und schauen in Richtung der monumentalen Eingangspforte von 1445. Am unteren Rand werden Sie ein unscheinbares Reliefband bemerken.

Das Gesicht über dem Wappen aber verändert sich im Verlauf der »Geburt«.

Lassen Sie uns näher rangehen. Links ist ein Mann auf einem Esel zu sehen, mit einem Weinkrug in der Hand. Daneben einige tanzende, betrunkene Männer und rechts ein Mann auf einem Dromedar. Was für eine skurrile Darstellung in einer Kirche! Was hat das wohl zu bedeuten? Sie werden sich wundern, aber das hier ist vermutlich einer der ersten »Filmabspanne« der Welt. Denn hier haben sich die Schöpfer dieser kunstvollen Eingangspforte selbst verewigt: Antonio Avelino aus Florenz, genannt Filarete, und seine Schüler. Filarete ist der zweite Mann von rechts, der mit dem Zirkel in der Hand. Weinselig und ausgelassen feiern er und seine Männer die Vollendung ihres Werkes. Und wir erfahren auch Folgendes: CETERIS OPERE PRETIVM PASTVS FVMVS VE MINI HILARITAS. »Mit dem Lohn für dieses Werk hatten wir ein Essen und Fröhlichkeit.« Nun, das Ganze ist zwar schon fast 600 Jahre her und

Tanzende Trunkenbolde: die Schöpfer der Eingangspforte von Sankt Peter

damals gab es noch keine Gewerkschaften. Aber trotzdem mag man den fleißigen Jungs wünschen, dass sie für ihr großartiges Meisterwerk mehr bekamen als nur ein Essen und einen Vollrausch.

Caligulas Rennbahn oder der Circus des Nero

Lassen Sie uns hinausgehen auf den Petersplatz. Auch der hält einige Geheimnisse bereit. Um die zu verstehen, muss man wissen, dass dieser Platz nicht immer so aussah wie jetzt. Erst 1667 bekam er sein heutiges Aussehen – mit den 140 Heiligenfiguren, 88 Pfeilern und 248 Säulen, den Kolonnaden von Bernini, zu denen es übrigens auch noch eine ziemlich verblüffende Geschichte gibt, doch dazu später mehr.

Was also gab es vorher an dieser Stelle, die wir heute als Petersplatz kennen? Die erstaunliche Antwort: eine riesige Rennbahn. Sie wurde vor gut 2000 Jahren von Kaiser Caligula beauftragt und ist auch als »Circus des Nero« bekannt. Der Obelisk, vor dem Sie jetzt stehen, war Mittelpunkt genau dieser damaligen Rennbahn. Allerdings: Die Rennbahn war mit dem heutigen Petersplatz nicht komplett identisch. Caligulas Circus lag, wenn man auf den Petersdom blickt, etwas weiter vorne, also in Richtung des heutigen Kirchenschiffs, und nach links versetzt. Deshalb befand sich auch der Obelisk jahrhundertelang rund 300 Meter weiter »vorne links«, ganz in der Nähe der heutigen Sakristei des Petersdoms. (Wie Sie an diesen Ort kommen, erfahren Sie auf S. 135.)

Schwertransport: Wie zieht man 326 Tonnen um?

Im Zuge des Neubaus von Sankt Peter stand der Obelisk dann irgendwann im Weg und musste seinen Standort wechseln. Nur: Wie zieht man einen 326 Tonnen schweren Koloss um, ohne dass er dabei zu Bruch geht? Oder dass Papst Sixtus V. womöglich sein Gesicht verliert, sollte bei dieser unerhörten Mission etwas schiefgehen? Der Papst persönlich hatte nämlich den Umzug des Obelisken in Auftrag gegeben und den Architekten Domenico Fontana mit dieser wahnwitzigen und delikaten Aufgabe betraut. Die katholische Kirche musste zeigen, dass sie nach dem Aufkommen des Protestantismus wieder zu Kraft gekommen war. Und ein zerbrochener Obelisk vor dem Neubau des Petersdoms – was wäre das für eine verheerende Symbolik?

Neun Monate lang dauern die Vorbereitungen, Häuser müssen weichen, um der riesigen Konstruktion Platz zu machen, die nun zum Einsatz kommt. Aber heute, am 10. September 1568, ist es so weit: Ganz Rom ist auf den Beinen, um das Spektakel zu verfolgen. 47 aufwendige Seilwinden-Konstruktionen sind vorbereitet,

150 Pferde stehen bereit, und über 900 hochkonzentrierte Männer spucken in die Hände. Nichts darf bei diesem Unterfangen schiefgehen.

Um Himmels Willen: Ruhe!

So sehr getrieben vom Erfolg der Mission ist der Papst, dass er allen Beteiligten strengstens verbietet, auch nur ein Sterbenswörtchen zu sagen. Und Sterbenswörtchen kann man in diesem Fall wörtlich nehmen, denn der Papst droht jedem – Achtung! – mit dem Tod, sollte er die konzentrierte Ruhe stören. Der Koloss, der jetzt noch auf einer Rampe ruht, soll gleich aufgerichtet werden. Ein gespanntes Knistern liegt in der Luft. Die Pferde stehen bereit, um endlich die Winden in Bewegung zu setzen. Totenstille auf dem Petersplatz. Und plötzlich halten die Zuschauer auf den Holztribünen den Atem an, denn das Signal der Trompete ertönt.

Sofort ächzen die Seile. Jetzt geht es in die heikelste, in die gefährlichste Phase. Aber – *oddio mio!* – jemand muss das Gewicht des Obelisken wohl falsch berechnet haben. Denn durch die enorme Belastung werden die Seile plötzlich heiß. Sie drohen zu reißen – das Projekt scheint dem Untergang geweiht! Aber wer traut sich zu

Der Vatikanische Obelisk, der 1568 mit so großem Aufwand versetzt wurde, kam schon unter Kaiser Caligula nach Rom. Man ahnt, zu welchen Leistungen bereits die alten Römer fähig waren.

schreien, dass man sofort Wasser auf die Seile geben solle. Sofort! – damit die Seile abkühlen und der Obelisk nicht zerschmettert? Wer also wagt es, dem Befehl des Papstes zu widersprechen? Wer ist so wagemutig, sein eigenes Leben aufs Spiel setzen?

Einen gab es: Benedetto Bresca. Dieser Seemann aus Ligurien, der sich von Berufs wegen mit Seilen bestens auskannte, war beherzt genug und schrie: »Wasser auf die Seile!« Der Obelisk blieb ganz und konnte an seiner heutigen Stelle sicher aufgerichtet werden. Und was war der Dank?

Ach nein … der Kopf blieb dran. Bresca erhielt die Kapitänswürde und das Recht, unter päpstlicher Flagge in See stechen zu dürfen. Außerdem bekam er das Privileg, Palmzweige für den Papst zu liefern. Und so blieb es übrigens jahrhundertelang. Die Nachfahren des ligurischen Seemannes – Pardon: päpstlichen Kapitäns – durften noch bis vor wenigen Jahrzehnten als offizielle Hoflieferanten die Palmzweige in den Vatikan bringen. Ein Hoch auf den furchtlosen Vorfahren!

Aus drei mach eins – wie die Säulen verschmelzen

Und wo wir gerade schon auf dem Petersplatz stehen, voller Bewunderung für den Mut eines einfachen Mannes … lassen Sie uns ein paar Schritte in Richtung des plätschernden Brunnens gehen. Egal ob nach rechts oder links. Denn in der Nähe eines jeden Brunnens finden wir auf dem Boden einen hellen runden Stein mit der Aufschrift »Centro del Colonnato«. Diese beiden Orte markieren die Brennpunkte der Ellipse, die den Petersplatz formt. Stellen Sie sich auf einen der kleinen Steine und Sie werden Zeuge davon, wie die drei hintereinanderstehenden Säulenreihen des Bernini, fast schon magisch, zu einer einzigen perfekten Säule verschmelzen. Denn so viel ist seit Jahrhunderten wahr: Der Petersplatz ist ein Ort der Wunder – der großen wie der kleinen.

Letzte Rettung: Babyklappe

Haben Sie Lust, mit mir auf eine Zeitreise zu gehen, zurück ins Jahr 1198? Doch Vorsicht: Es wird traurig, denn die junge Frau ist verzweifelt. Sie hat gerade ihr Kind zur Welt gebracht. Aber die Zeiten sind karg und bitter, sie hat nicht mal genug Essen für sich selbst. Wie soll sie da noch ein hungriges, schreiendes Kind durchbringen? Und außerdem: Das Baby ist unehelich zur Welt gekommen. Ein Skandal. Klar, sie könnte das Neugeborene einfach aussetzen oder in den Tiber werfen, wie so viele Frauen es tun. Aber gibt es da nicht dieses neue Fenster am Hospital Santo Spirito in Sassia? Wo man das Kind einfach anonym abgeben kann, damit es überlebt?

Und so geht die junge, verzweifelte Mutter hin. Sie sieht das Fenster in der Wand, küsst ihr Baby ein letztes Mal. Dann steckt sie den Säugling durch das Loch im schmiedeeisernen Gitter und legt ihn sanft in die hölzerne Mulde. Sie zieht am Glockenseil neben dem Fenster und rennt weg, so schnell sie kann.

So ähnlich wird es wohl abgelaufen sein vor rund 800 Jahren, hier an einer der ersten Babyklappen der Welt. Papst Innozenz III. hatte sie installieren lassen … zu viele ungewollte Kinder kamen auf den Straßen ums Leben. Die Not war so groß.

Mit einer Umdrehung in Sicherheit

Und noch heute kann man diese originale Babyklappe sehen. Also lassen Sie uns hingehen. Sie befindet sich nur wenige Gehminuten vom Petersplatz entfernt, im Borgo Santo Spirito 1: ein gemauerter Erker am Ospedale Santo Spirito. Das Heilig-Geist-Hospital wurde im Jahr 1198 gegründet, ist damit das älteste Krankenhaus der Welt und seit seiner Gründung ununterbrochen in Betrieb. Und wenn man hier vor dieser Drehlade – der *Ruota* – steht, kann man sich sehr gut vorstellen, was damals geschah, nachdem die junge Frau am Glockenseil gezogen hatte und schnell weggelaufen war. Innen im Krankenhaus hörte man das Signal. Eine der Nonnen eilte zur Ruota und setzte die hölzerne Drehlade in Bewegung. Die Mulde mit dem Baby

Die Babyklappe am Ospedale Santo Spirito

bewegte sich, rotierte und gab das Neugeborene im Inneren des Hauses wieder frei. Das Baby war in Sicherheit. Und selbst wenn die junge Mutter nicht eilig weggelaufen wäre – niemand hätte sie von innen sehen können.

Eine wirklich anonyme Abgabe, im wahrsten Sinne des Wortes. Denn anonym bedeutet: namenlos. Und so schrieb die Nonne in das Babyregister ein weiteres Mal: *M.: ignota – Madre ignota …* zu Deutsch: Mutter unbekannt. Im römischen Dialekt heißt *mignotta* übrigens nichts anderes als »Hure«. Und viele behaupten, der Name stamme tatsächlich von den unverheirateten Frauen hier an der Babyklappe. Eine andere Theorie besagt, *mignotta* leite sich vom Französischen *mignonne* ab – »meine Süße«. Mit letzter Sicherheit kann das die Sprachforschung nicht sagen. Und ähnlich unklar ist auch die Herkunft des in Italien weit verbreiteten Nachnamens Esposito. *Esposito* bedeutet »ausgesetzt«. Könnte es sein, dass die heutigen Millionen von Espositos die Nachfahren von Findelkindern sind? Es wäre ein weiteres starkes Zeugnis dafür, dass es sich lohnt, um jedes Menschenleben zu kämpfen.

Waschmaschine für Arme Seelen

Zugegeben, die Babyklappe ist eine nicht ganz so offensichtliche Sehenswürdigkeit wie der Papstaltar und der Obelisk. Und auch der nächste Ort unseres Ausflugs ist eher versteckt. Aber trotzdem unglaublich spannend – und ziemlich skurril, wie viele wohl sagen würden. Auch er befindet sich in lockerer Spazierweite vom Petersplatz entfernt: Nur kurz an der Engelsburg vorbei, und schon sind wir da, am Museum des Fegefeuers.

Das wohl kleinste und kurioseste Museum Roms: Arme Seelen schicken Nachrichten aus dem Feuer

Und falls Sie nicht katholisch sozialisiert wurden, hier eine kleine Einordnung: Nach katholischer Lesart gibt es nach dem Tod eines Menschen drei mögliche Orte, an denen sich die unsterbliche Seele aufhalten kann. Im Himmel – mit ewigem Glück, Zufriedenheit und Liebe – wunderbar! In der Hölle – böse Falle, denn hier gibt's nur Heulen und Zähneknirschen, ein Ort der ewigen Gottesferne. Und dann ist da noch Möglichkeit Nummer drei: das Fegefeuer. Hierher kommen die Seelen, wenn sie zwar nicht zum Schmoren in der Hölle verdammt sind, aber auch noch nicht bereit für den Himmel. In katholischer Fachsprache: ein Ort der Läuterung. Hier wird die Seele also – eine begrenzte Zeit lang – gereinigt. *Purgatorio* heißt dieser Zwischenort im Italienischen, und hier ist das lateinische Ursprungswort *purgare*, reinigen, noch immer gut sichtbar.

Im Deutschen sind wir allerdings viel konkreter und bildhafter. Denn »Fegefeuer« gibt eine ziemlich gute Vorstellung davon, auf welch hitzige Weise gereinigt wird, welche Stimmung – und welche Temperaturen – am Zwischenort herrschen. Wir wollen also das »Museum der Armen Seelen im Fegefeuer« besuchen, das Museo delle Anime del Purgatorio. Es befindet sich in der einzigen neogotischen Kirche Roms: Sacro Cuore del Suffragio, Heiligstes Herz Jesu von der Fürbitte.

Manche mögen's heiß

Und so viel kann ich vorwegnehmen: Das Museum hält einige sehr ungewöhnliche Exponate bereit. Lassen Sie uns also in die Kirche hineingehen, geradeaus auf den Altar zu. Ganz am Ende des rechten Seitenschiffs befindet er sich: der Eingang zum wohl kleinsten und kuriosesten Museum Roms. Ein älterer Herr sitzt an einem Schreibtisch und weist uns – mit der Bitte um eine kleine Spende – den Weg zu ei-

In dieses Gebetbuch scheint eine feurige Hand gegriffen zu haben. Eine Nachricht aus dem Jenseits?

nem Raum voller Merkwürdigkeiten. Am 2. Juli 1897, so sagt er, sei hier etwas Erstaunliches passiert. Die heutige Kirche stand damals noch nicht, nur eine kleine Kapelle. Und man könnte sagen: Dort ging es heiß her. Denn glaubt man der Geschichte, hat sich Folgendes zugetragen: Während der französische Pater Victor Jouët die Messe feiert, bricht ausgerechnet auf dem Altar plötzlich ein Feuer aus. Der Pater und die Gottesdienstbesucher sind sich sicher, mitten in den Flammen eine Gestalt zu erkennen. Aber nicht nur das. Nachdem das Feuer gelöscht ist, bleibt das Bild des Feuer-Mannes auf einer Wand erhalten.

Gebetbücher und versengte Nachtmützen

Pater Jouët hält es für eine Nachricht aus dem Purgatorium, also für das Abbild einer Armen Seele im Fegefeuer. Und so macht sich der Pater auf, in ganz Europa nach Spuren aus der Zwischenwelt zu fahnden. Ziemlich erfolgreich, wie man in diesem Raum sehen kann. Zum Beispiel Fundstück Nr. 9 an der linken Wand: ein aufgeschlagenes Gebetbuch, dessen Papier von feurigen Fingern angesengt wurde. Fünf verkohlte Stellen im Papier zeigen an, wo die heiße Hand zugegriffen haben muss. Und passenderweise ist das Buch auf exakt jener Seite aufgeschlagen, auf der zu lesen ist: »Vergib den Seelen Deiner Diener ihre Fehltritte, reinige sie von ihren Unvollkommenheiten.«

Der verstorbene Josef Schitz, so heißt es im erklärenden Faltblatt, habe am 21. Dezember 1838 mit der rechten Hand das Gebetbuch seines Bruders Georg berührt. Der Tote habe so »um Gebete für seine Seelenruhe und um Wiedergutmachung seiner Gleichgültigkeit im religiösen Leben« bitten wollen. Ähnlich eindrucksvoll: die Nachtmütze von Ludwig Le Sénéchal. Dem Franzosen war am 7. Mai 1873 seine verstorbene Ehefrau Luisa erschienen. Auch sie bat um Gebete und Messfeiern. Und damit der Gatte den Wunsch seiner toten Frau auch beweisen könne, hinterließ sie feurige Löcher auf der Nachtmütze ihres Liebsten. Und so geht es immer weiter: Schmorspuren auf Kleidungsstücken, Büchern, Tischen – überall haben heiße Hände aus dem Fegefeuer in unsere Welt hineingegriffen.

Hokuspokus?

Vielleicht. Mahnende Boten aus der Zwischenwelt, schon hier auf Erden ein besseres Leben zu führen? Vielleicht auch. Egal, was diese merkwürdigen Ausstellungsstücke Ihnen persönlich mitgeben – einen gruseligen Schauer über den Rücken oder eher ein ungläubiges Lächeln im Gesicht –, der Besuch in diesem weltweit einmaligen Museum lohnt sich auf alle Fälle.

Geburt und Gelage im Petersdom! Wo und wann?

Basilika Sankt Peter im Vatikan (Petersdom)

Sie benötigen kein Ticket, der Eintritt ist immer frei! Bitte bedenken: Kontrolleure achten auf angemessene Kleidung, die Schultern müssen bedeckt sein.

AUSSERDEM NICHT VERPASSEN

Die Nationalkirche der Niederlande, die Friesenkirche – auch: *Santi Michele e Magno* – ganz in der Nähe des Petersplatzes ist sehr sehenswert. Die vorderen Kirchenbänke sind die originalen Sitzgelegenheiten des Zweiten Vatikanischen Konzils. Es gibt eine Kopie der Heiligen Treppe und zwei außergewöhnliche Erinnerungsstücke: Links in der Apsis befindet sich der Stein, auf dem der Legende nach Urvater Abraham seinen Sohn Isaak festband, um ihn seinem Gott zu opfern. Ähnlich bemerkenswert: Der Altar der Friesenkirche soll genau jener Stein sein, auf dem das Jesuskind lag – bei der »Darstellung des Herrn« im Jerusalemer Tempel.

- Borgo Santo Spirito 21/41
  Dienstag 15–18, Mittwoch 10–13 Uhr
  Heilige Messe: Sonntag 10.30 Uhr
  www.friezenkerk.nl

- Piazza San Pietro
  00120 Città del Vaticano
  Tel. +39 06 69 82
  www.vatican.va
- April–Sept. 7–19, Okt.–März 7–18 Uhr
  Heilige Messe wochentags: 9, 10, 11, 12, 17 Uhr; feiertags: 9, 10.30, 11.30, 12.15, 13, 16, 17.30 Uhr

Besuch der Kuppel
- 7.30–17 Uhr
- Folgen Sie nach dem Sicherheitscheck dem Schild »Cupola«.
- Planen Sie den Kuppelaufstieg am besten vor dem Besuch des Petersdoms ein. Die Kuppeltour endet nämlich in der Basilika, so sparen Sie sich also ein doppeltes Anstehen am Sicherheitscheck.
- Eintritt: 10 Euro (inklusive Aufzug zum Dach), danach sind es noch 320 Stufen zu Fuß. Ohne Aufzug: 8 Euro, insgesamt 551 Stufen.
- Egal, ob mit oder ohne Aufzug: Der Aufstieg ist nicht ganz unanstrengend, für normal trainierte Menschen aber locker machbar und ein absolutes Must-see!

Was und wo? Babyklappe!

Eine der ersten Babyklappen der Welt entdecken. Die Drehmechanik ist noch original erhalten. Das Krankenhaus Santo Spirito in Sassia (dessen Eingang sich heute an der Tiber-Seite befindet) wurde im Jahr 1198 gegründet, ist seitdem ununterbrochen in Betrieb und damit das älteste der Welt.
- Borgo Santo Spirito 1
  00193 Roma

Was? Arme Seelen, Feuer frei!

Das Museum mit Nachrichten aus dem Fegefeuer besuchen. In der Kirche Sacro Cuore del Suffragio werden außergewöhnliche Exponate präsentiert: feurige Handabdrücke auf Büchern, Schmorspuren auf Nachtmützen und Bettdecken. Haben die Armen Seelen aus der Zwischenwelt etwa Nachrichten ins Hier und Jetzt geschickt? Was auch immer man davon hält: Dieses Museum ist weltweit einmalig und unbedingt einen Besuch wert – trauen Sie sich!

Wo und wann?

Museo delle Anime del Purgatorio in der Kirche Sacro Cuore del Suffragio
- Lungotevere Prati | 00193 Roma
  Tel. +39 06 68 80 65 17
  www.misacor.it
- Montag–Freitag 9.30–12, vor Festtagen 9.30–12 und 18–19.30, an Festtagen 9.30–12 Uhr

NOCH MEHR KURIOSES

Das geheime Loch in der Säule – die Magie des Vogelflugs

Die Kirche Santa Maria in Aracoeli auf dem Kapitol hat eine bewegte Geschichte: Sie soll auf den Überresten des Tempels der Juno Moneta errichtet worden sein (in der Nähe befand sich eine Münzstätte, daher unser Wort »Moneten« für Geld). Innerhalb der Kirche findet sich das Grabmal der Heiligen Helena, der Mutter Kaiser Konstantins. Doch schauen Sie sich bitte die – vom Hauptportal aus gesehen – dritte Säule auf der linken Seite mal genauer an. Die oben eingemeißelten lateinischen Worte *A Cubiculo Augustorum* legen nahe, dass sich die Säule einmal im Schlafgemach des

Der Schlüssel zum Stein der Weisen? Die alchemistische Pforte in der Nähe von Termini

Säule mit Durchblick – in der Kirche Santa Maria in Aracoeli

Kaisers Augustus befand. Noch viel spannender: Schräg durch die Säule wurde in Augenhöhe ein Loch gebohrt, das praktisch alle Besucher übersehen. Einige Wissenschaftler vermuten, man habe hierdurch früher die Bewegung der Sterne beobachtet. Andere sagen, das Loch sei von den Auguren – den Deutern des Vogelflugs – benutzt worden, um aus den Bewegungen der Tiere das Schicksal der Stadt und seiner Herrscher abzulesen. Ein 2000 Jahre altes Ornithologen-Fernrohr also. Welche These wohl stimmt? Fest steht: Noch heute sagt man in Italien *auguri*, wenn man jemandem Glück wünschen will.

- **Scala dell'Arce Capitolina 12**
  00186 Roma | täglich 7–19 Uhr

Die alchemistische Pforte – und der angebliche Stein der Weisen

Hokuspokus oder ewiger Reichtum? Am Nordrand des Parks an der Piazza Vittorio Emanuele II, nahe dem Hauptbahnhof Termini, befindet sich ein geheimnisvolles Tor: die magische oder alchemistische Pforte. Sie soll einer der fünf Eingänge zur Villa Palombara des Marquis von Pietraforte gewesen sein, der sich im 17. Jahrhundert für das Okkulte interessierte. Götzenhafte Statuen flankieren die Pforte, magische Symbole und rätselhafte Inschriften in Latein und Hebräisch schmücken das seltsame Denkmal:

»Der, der die Erde durch den Atem fliegen lässt, kann Wasser der Bäche zu Stein verwandeln.« Werden Sie daraus schlau? Der Legende nach soll ein erschöpfter Pilger an der Tür des Marquis um Unterschlupf gebeten haben. Nachts sei er dann im Garten herumgeirrt, hätte aus einem geheimnisvollen Pulver (oder aus Gras, da gehen die Legenden auseinander) Gold erschaffen – und das Rezept dafür seien eben jene seltsamen Symbole an der magischen Pforte, durch die der Fremde übrigens auf mysteriöse Weise wieder verschwand. Falls Sie bereits Dollarzeichen in den Augen haben, muss ich Sie enttäuschen: Die Pforte ist mit Gittern abgesperrt, man kann sie nur aus einiger Ferne betrachten. Mal schnell einen Topf voll Gold mit nach Hause nehmen – daraus wird wohl nichts. Spannend ist ein Besuch am magischen Tor aber allemal.

- **Piazza Vittorio Emanuele II**
  00185 Roma

Wassersport auf dem Tiber mit grandiosem Ausblick auf Michelangelos Kuppel des Petersdoms. Die Doppelschal-Kuppel hat einen begehbaren Zwischenraum – wer hinaufsteigt, erlebt ein echtes Abenteuer.

3

Offene Türen im Vatikan

Shakehands mit dem Papst, die Waffenkammer der Schweizer und Codewörter für den Vatikan

Im kleinsten Staat der Welt

Kann man dem Papst ganz nahekommen und ihm die Hand schütteln? Von ihm einen Segen erhalten – sogar schriftlich, mit Brief und Siegel? Ist es möglich, an einer Messe mit einem Kardinal teilzunehmen?

Alles (fast) kein Problem. Und ja, man kann sogar innerhalb der Vatikanmauern beerdigt werden, sollte es einen in Rom unerwartet dahinraffen. In diesem Kapitel erfahren Sie außerdem, mit welchen Codewörtern Sie an den weltberühmten Schweizergardisten vorbeikommen – die Sie dann freundlich grüßend in den Vatikan hineinlassen, während andere Pilger und Touristen draußen vor den Toren bleiben müssen. Also: auf geht's in ein spannendes, fremdes und mitunter kurioses Land. Oder kennen Sie etwa noch einen Ort, an dem der Geldautomat mit Ihnen auf Latein spricht?

Zunächst ein paar Hard Facts

Ja, der Vatikan ist ein eigener Staat, mit nur 0,44 Quadratkilometern Fläche der kleinste der Welt ... also rund 60 Fußballfelder groß. Sein offizieller Name: Staat der Vatikanstadt, die letzte absolute Wahlmonarchie Europas, mit dem Papst als Oberhaupt. Rund 600 Menschen sind Bürger des Vatikanstaates. Darüber hinaus existiert aber noch ein zweites, nichtstaatliches Gebilde, der »Heilige Stuhl«: ein sogenanntes Völkerrechtssubjekt, das den Vatikan und die Anliegen des Papstes zum Beispiel bei den Vereinten Nationen vertritt. Eine eigene Armee gibt es auch, und zwar die kleinste und älteste der Welt, die Schweizergarde, mit der wir später noch freundliche Bekanntschaft machen werden. Der Vatikan hat eine eigene Post, eine Apotheke, das Medienunternehmen Vatican Media mit Radio Vatikan und eigenem TV-Sender. Außerdem eine eigene Zeitung, den »Osservatore Romano«, einen Supermarkt, eine Krankenstation, mehrere Tankstellen, ein Café auf dem Dach des Petersdoms, einen Hubschrauberlandeplatz, dazu noch einen eigenen Bahnanschluss und sogar ein Shoppingcenter im Bahnhofsgebäude, in dem es steuerfreie Zigarren und Luxusuhren zu kaufen gibt.

Hochseeflotte und Knast

Ebenso kurios: Obwohl der Vatikan kein Anrainer irgendeines Meeres ist, hat er seit 1921 das verbriefte Recht, eine Hochseeflotte unter päpstlicher Flagge zu unterhalten. Davon hat er bislang allerdings noch keinen Gebrauch gemacht. Ein eigenes

Rechtssystem gibt es natürlich auch und dementsprechend auch eine vergitterte Gefängniszelle, die wir später noch mit eigenen Augen sehen werden – nur von außen natürlich, keine Sorge. Der Vatikan besitzt eine eigene Fußballliga und seit 2013 auch ein Cricketteam.

Was Rekorde angeht, so heißt es im Vatikan: klotzen statt kleckern! In diesem Staat – der ja zum größten Teil von Kirchenleuten bewohnt wird – gibt es nämlich, bezogen auf die Einwohnerzahl, die höchste Kriminalitätsrate der Welt. Was allerdings nicht an den Monsignori und Exzellenzen liegt, sondern vielmehr an den dreisten Taschendieben unter den rund 18 Millionen Touristen, die den Vatikan jedes Jahr besu-

Der Vatikanstaat ist überraschend grün: Die Vatikanischen Gärten nehmen fast die Hälfte seines Gebiets ein.

chen. Vorsicht ist also geboten. Seit 1984 ist der Vatikan als Weltkulturerbe anerkannt. Damit ist er der einzige Staat, dessen komplettes Territorium von der UNESCO geschützt ist. Weitere Superlative gefällig? Mit 100 Prozent Alphabetisierungsrate belegt der Vatikan den weltweiten Spitzenplatz und besitzt außerdem – Überraschung! – mit 100 Prozent auch den größten Katholikenanteil der Welt. Es heißt übrigens, im Vatikan gäbe es auch den höchsten Pro-Kopf-Verbrauch von Alkohol. Woran das liegt – ob an den zahlreichen Liturgien mit entsprechendem Messweinverbrauch oder eher an den einsamen Abenden der vatikanischen Singlemänner? Weiß der Himmel!

Auf Tuchfühlung mit dem Papst

Wie eingangs schon versprochen, gibt es einige Codes, mit denen Sie sich Eintritt verschaffen können in diese wundersame Welt. Deshalb merken Sie sich bitte schon jetzt: »Elemosineria«, »Servizio Fotografico« und »Campo Santo«. Mit all diesen Worten werden Sie Zugang zu einem Staat bekommen, der ansonsten streng bewacht und strikt verschlossen ist.

Aber vorher wollen wir natürlich die wichtige Frage klären: Wie, wann und wo bekomme ich den Papst zu sehen, das Oberhaupt von 1,2 Milliarden Katholiken

Der Governatoratspalast auf der Rückseite des Petersdoms ist der Sitz der Vatikanischen Staatsregierung.

weltweit? Grundsätzlich gilt: Wenn der Heilige Vater nicht auf Reisen ist, betet er an jedem Sonntag um Punkt 12 Uhr den sogenannten Angelus. Ein lateinisches Gebet, das auf Deutsch »Engel des Herrn« heißt und an die Menschwerdung Christi erinnert. Der Papst zeigt sich dafür am Fenster seines Arbeitszimmers im Apostolischen Palast. Oberstes Stockwerk, zweites Fenster von rechts, während die Pilger unten auf dem Petersplatz stehen. Viele Einheimische, die fröhlich »Viva il Papa« rufen. Da vorne die Gruppe von philippinischen Nonnen in Ordenstracht, jede einen Rosenkranz in der Hand. Hier die fahnenschwenkende Jugendgruppe aus Polen. Daneben die frommen, streng gescheitelten amerikanischen Seminaristen. Und dort hinten eine zünftige Pilgergruppe aus Altötting. Sie alle lauschen den Worten des Kirchenoberhauptes.

Der Papst betet den Angelus zwar auf Latein, spricht zu den Gläubigen aber ansonsten auf Italienisch. Kleiner Tipp für alle, die der Sprache nicht mächtig sind, den Papst aber trotzdem verstehen möchten: Radio Vatikan und andere christliche Sender (wie z. B. Radio Horeb) übertragen live mit deutscher Übersetzung – man kann dem Heiligen Vater also einfach übers Smartphone zuhören.

Aber vielleicht wollen Sie ja auch einfach nur schauen – und staunen! Über diese ganz besondere, sehr friedliche Atmosphäre. Über den beeindruckenden Petersplatz. Über die unterschiedlichen Menschen, die aus allen Ecken und Enden der Welt hierhergekommen sind. Für viele von ihnen geht ein Traum in Erfüllung – sie können mit eigenen Augen den Heiligen Vater sehen.

Und eins steht fest: Für alle hier gibt's am Schluss den apostolischen Segen des Papstes – ganz egal, ob sie ihn verstanden haben oder nicht. Der Heilige Geist weht über Sprachbarrieren hinweg.

Radio Vatikan und andere christliche Sender – wie z. B. Radio Horeb – übertragen live mit deutscher Übersetzung.

Aber kann man dem Papst nicht noch ein bisschen näherkommen? Hautnah mit ihm auf Tuchfühlung gehen? Ja, das geht. Und zwar an jedem Mittwochmorgen bei der Udienza Generale, der Generalaudienz. Hierfür muss man sich allerdings vorher ein kostenloses Ticket sichern, das man sich dann bei den freundlichen Schweizergardisten abholen kann. Wie das Ganze funktioniert, erkläre ich Ihnen am Ende des Kapitels im Infoblock. Mit diesem Ticket haben Sie, je nach Witterung, entweder Zugang zum Petersplatz (bei schönem Wetter) oder zur Audienzhalle (bei Starkregen oder allzu großer Hitze). Und bei dieser Generalaudienz bekommen Sie dann – mit geschickter Positionierung und einem Quäntchen Glück – die Gelegenheit, dem Heiligen Vater die Hand zu schütteln und mit ihm ein paar Worte zu wechseln – so wie ich es selbst schon erleben durfte. Eine für mich sehr bewegende, unvergessliche Begegnung.

Militär in farbenfroher Tracht

Und bei genau dieser Generalaudienz lerne ich Dominik kennen, der aus der Menschenmenge heraussticht wie ein bunter Vogel. Sie ahnen es vermutlich schon: Er ist Schweizer, katholisch, unverheiratet und entspricht der »Richt-

Stets zugewandt und freundlich: Papst Franziskus bei der Generalaudienz.

größe« von 1,74 Meter, so wie es die Aufnahmekriterien für die berühmte Schweizergarde vorsehen. Die kleinste und wohl auch spannendste Armee der Welt. »Magst Du morgen mal in der Kaserne vorbeikommen?«, fragt er mich mit schönstem Schweizer Akzent. »Wenn Du Lust hast, kann ich Dir auch unsere Waffenkammer zeigen.«

Und so treffe ich mich am nächsten Vormittag mit Hellebardier Dominik Keusch. 23 Jahre ist er jung. Er stammt aus einem kleinen Dorf in der Nähe von Basel und ist seit eineinhalb Jahren Mitglied der Schweizergarde. So viel kann ich vorwegnehmen: Er wird uns gleich noch einen Geheimtipp geben, wie und wo man am besten ein gemeinsames Foto mit den Gardisten bekommt. Aber vorher besuchen wir einen Ort, der für die meisten streng verschlossen bleibt: die Armerie. Nachdem Dominik bei seinem Vorgesetzten die Erlaubnis eingeholt hat, mir diese Waffenkammer zu zeigen, erklärt er mir die verschiedenen Uniformen, die auf Schweizerisch »Tenue« heißen, allerdings »Tönnie« ausgesprochen werden.

Eine kleine, aber echte Armee

»Was ich jetzt gerade trage,«, erklärt mir Dominik, »ist unsere Galauniform. Es gibt aber auch noch eine Exerzieruniform, einen Dienstanzug und eine Militäruniform, das ›Tönnie F‹.« Und so lerne ich, dass jeder Gardist nicht nur eine abgeschlossene Militärausbildung mitbringen muss, sondern in der RS (der Rekrutenschule) noch einmal auf einen möglichen Einsatz vorbereitet wird. Denn machen wir uns nichts vor: Die Schweizergarde ist nicht bloß bunte Folklore. 1506 wurde das Korps gegründet, und die 135 Soldaten der kleinsten und ältesten Armee der Welt sind tatsächlich ganz konkret und unmittelbar für die Sicherheit des Papstes verantwortlich. Sie geloben bei der Vereidigung, im Ernstfall ihr eigenes Leben für den Heiligen Vater zu geben. Und sie haben es bereits getan: am 6. Mai 1527, beim *Sacco di Roma,* der Plünderung Roms. 147 von 189 Schweizergardisten kamen damals ums Leben, der Papst blieb unverletzt. Der 6. Mai ist deshalb der offizielle Feiertag der Garde, an diesem Tag werden die neuen Rekruten im Damasus-Hof des Vatikans vereidigt.

»Schau mal, Stefan, dieser Harnisch stammt aus dem 17. Jahrhundert, das sogenannte Piqué«, sagt Dominik in der Waffenkammer. »Das tragen wir am Tag unserer Vereidigung, aber auch an anderen wichtigen Feiertagen, also bei den Papstmessen zu Weihnachten und Ostern. Die Rüstung wiegt rund zwölf Kilo, und da schaut man natürlich, dass der Gardist gut und bequem reinpasst – diese Panzer sind nämlich keine persönlichen Anfertigungen. Im Gegensatz zur Galauniform, die ich gerade trage. Die wurde mir auf den Leib geschneidert.«

Dominik Keusch in der Waffenkammer der Schweizergarde, der Armeria.

Im Gespräch mit Hellebardier Dominik Keusch

Dann lass uns gleich mal mit einem urbanen Mythos aufräumen: Diese berühmte Uniform wurde nicht von Michelangelo entworfen, oder?

Na ja, viele Tourguides behaupten das immer wieder, während sie auf uns deuten – und da muss ich immer grinsen. Du hast natürlich recht, die Idee zur Uniform stammt nicht von Michelangelo, sondern von Kommandant Jules Repond aus dem Jahr 1914. Sie ist also noch relativ jung. Übrigens, wenn ich aus der Garde ausscheide, wird meine Uniform zerstört, sie wird geschreddert. Weil man nicht möchte, dass diese Uniformen irgendwie auf den freien Markt gelangen und verkauft werden.

Wer kümmert sich eigentlich darum, dass Ihr immer so proper ausseht?

Jeder Gardist ist für seine Garderobe selbst verantwortlich. Allerdings müssen wir die Uniform nicht selber waschen. Es gibt eine italienische Firma, die sich darauf spezialisiert hat. Kragen und Manschetten müssen wir jeden Tag wechseln – damit immer alles strahlend weiß aussieht. Aber das geht ganz schnell – schau mal, man kann die Manschetten und den Kragen einfach abknöpfen, ziemlich praktisch.

Ihr seid für die Sicherheit des Heiligen Vaters verantwortlich. Wie fühlt sich das an?

Für mich gibt es nichts Großartigeres, weil es eben diese ganz besondere Ehre ist, oder? Als ich mich beworben hatte, war es mir noch nicht so richtig bewusst. Aber bei meiner ersten Generalaudienz wurde mir klar: Ich bin für den Schutz des Papstes da. Das ist wirklich unglaublich. Wir halten ja auch Wache vor seinem Apartment in der Casa Santa Marta.

Wie viel persönlichen Kontakt habt Ihr denn zum Papst?
Ich darf natürlich keine Details nennen. Aber klar, der Heilige Vater kommt zum Beispiel morgens vor seine Tür, wir begrüßen ihn militärisch. Er wünscht dann einen guten Morgen und fragt, wie die Nacht so war. Und dann kommt oft ein kurzes persönliches Gespräch zustande. Papst Franziskus ist sehr menschennah, freundlich und zugewandt.

Wie kommt man eigentlich zur Garde? Es heißt, dass man Schweizer Staatsbürger sein muss, ledig und katholisch – und der »Richtgröße« von 1,74 Meter entsprechen sollte …
… ganz genau. Eintrittsalter ist zwischen 19 und 30 Jahren. Man muss einen guten Leumund vorweisen können und den Militärdienst absolviert haben. Dann wird man zu verschiedenen Tests eingeladen: Mathematik, Deutsch – es gibt aber auch Fragen über den Glauben und die Kirche. Wenn man das alles besteht, dann trifft man den geschätzten Herrn Kommandanten in Zürich und hat ein Gespräch von etwa einer Stunde mit ihm. Er will einen ja kennenlernen und herausfinden, wie man so als Person ist. Und wenn das alles gut passt, dann schafft man es bis hierher.

Diese Waffenkammer ist übrigens megaspannend. Sie kommt ja auch im Blockbuster »Illuminati« vor, in dem die Schweizergarde eine große Rolle spielt. Im Film geht es durch die Tür dort hinten in eine geheime Überwachungszentrale mit unzähligen Monitoren.
Haha, ja … da haben wir uns auch sehr gewundert. Also, sie haben diese Waffenkammer in Hollywood ziemlich gut nachgebaut. Aber in dem Raum da hinten befindet sich nur die Schmiedekammer für unsere Hellebarden – da ist kein Überwachungszentrum drin. Klar, so eine Zentrale gibt es natürlich, aber nicht hier.

Wie sieht der Alltag für Dich aus? Wie verläuft ein typischer Tag?
Meine Kompetenzstufe heißt »Sankt Anna« – das heißt, ich werde vor allem zum Dienst am Sankt-Anna-Tor eingeteilt. Um 5 Uhr morgens stehe ich auf, rasiere mich, weil ein Gardist jeden Tag frisch rasiert sein muss, das wird auch kontrolliert. Dann nehme ich das Morgenessen ein. Danach: das »Tönnie«, also die Uniform, anziehen.

Um 5.45 Uhr ist Dienstantritt bis 14 Uhr, dann Mittagessen. Meist ist der Nachmittag frei, und dann geht's am Abend mit dem Dienst weiter – von 20 Uhr bis Mitternacht.

Ein langer Tag. Was haben eigentlich Deine Eltern und Freunde dazu gesagt, dass Du zur Schweizergarde gehst?
Meine Eltern waren sehr stolz, meine Freunde am Anfang ein bisschen geschockt, weil ich ja mindestens 26 Monate weg bin. Zwei Monate Rekrutenschule und danach verpflichtet man sich, mindestens zwei Jahre zu bleiben. Für die Zeit wird man vatikanischer Staatsbürger, behält aber gleichzeitig seine Schweizer Staatsbürgerschaft.

Musstest Du beim Eintritt schon Italienisch können?
Nein, aber man bekommt die Sprache sehr intensiv eingetrichtert – im ersten Monat haben wir jeden Tag vier Stunden Unterricht. Aber so wird es dann auch leichter, Kontakt zu den Gardisten aus den anderen Sprachgruppen zu finden. Wir sind ja hier nicht nur Deutsch-Schweizer; manche Gardisten haben Französisch als Muttersprache, andere Rätoromanisch oder Italienisch. Diese Mischung finde ich sehr spannend.

Und Ihr habt ja auch jeden Tag Kontakt zu Menschen aus aller Welt.
Ja, das ist superinteressant. Man kommt mit so vielen Leuten ins Gespräch. Manche sind verwundert, wer wir sind und was wir machen. Andere stehen quasi mitten auf dem Petersplatz und fragen, wo Sankt Peter ist (lacht). Da gibt es wirklich lustige Momente. Google Maps zeigt übrigens falsch an, dass man zu den Vatikanischen Museen kommt, indem man quer durch den Vatikan spaziert. Das funktioniert nicht, da müssen wir viel erklären. Und viele wollen natürlich ein gemeinsames Foto machen. Am Arco delle Campane, also direkt am Petersdom, ist das aber nicht so einfach, weil sich einer der beiden Gardisten – die sogenannte Schildwache – nicht bewegen darf, und wenn man einmal anfängt, Bilder zu machen, dann hört das nicht mehr auf.

Wo ist denn ein guter Punkt, um Euch nach einem Foto zu fragen?
Ein echter Geheimtipp ist der Cancello Petriano, der Eingang links von den Kolonnaden, da steht keine Schildwache. Dort können wir die Fotowünsche eher erfüllen.

Da geht es ja auch rein zum Campo Santo, dem deutschen Friedhof.
Ganz genau. Grundsätzlich darf ja nur auf den Friedhof, wer auf Deutsch fragt. Wir schicken die Besucher dann noch kurz zum Sicherheitscheck, aber danach geben wir gerne den Weg frei zum Campo Santo – das ist ja wirklich ein ganz besonderer Ort.

Den deutschen Friedhof wollen wir natürlich gleich auch noch besuchen. Deshalb verabschiede mich herzlich von Dominik, der seinen Dienst in der Garde übrigens nochmal verlängern wird. Also: Wenn Sie Glück haben, dann können Sie ihn treffen und mit ihm – oder einem seiner Schweizer Kollegen – ein Erinnerungsfoto schießen. Trauen Sie sich ruhig zu fragen – es sind sehr freundliche und ziemlich coole Jungs, die auf den Heiligen Vater aufpassen!

Ein Segen mit Brief und Siegel

Aber bevor wir zum deutschen Friedhof gehen, wollen wir uns noch schnell einen persönlichen Segen des Papstes abholen. Und zwar schriftlich, mit Brief und Siegel. Ja, ich kann Ihr Stirnrunzeln sehen, aber es ist kein Scherz. So einen personalisierten Papstsegen gibt es tatsächlich – und zwar im sogenannten Segensbüro innerhalb des Vatikans. Und hier kommt Codewort Nummer 1 zum Einsatz: »Elemosineria«, das »Almosenamt«. Wir gehen also zur Sankt-Anna-Pforte, dem Haupteingang des Vatikan-Kosmos. Neugierig stehen hier die Touristen vor dem Tor. Und wir? Gehen einfach schnurstracks rein in diese geheimnisvolle Welt. Dazu sprechen wir einen Schweizergardisten an und sagen höflich: zur Elemosineria,

Apostolische Segenswünsche in vielen Sprachen, Formen und Preisklassen.

bitte! Grüßend wird er uns den Weg freigeben. Nach ein paar Schritten biegen wir sofort rechts ab. Die Gendarmen am Wachhäuschen gegenüber rufen uns irgendwas auf Italienisch zu. Wir rufen ein souveränes »Elemosineria« zurück. Freundliches Durchwinken. Läuft! Und nach nur wenigen Schritten passieren wir rechts einen kleinen Durchgang, der uns zu einem Innenhof führt. Im Haus direkt vor uns befindet sich das Ufficio Benedizioni, das Segensbüro.

Die Gendarmen am Wachhäuschen gegenüber rufen uns irgendwas auf Italienisch zu. Wir rufen ein souveränes »Elemosineria« zurück.

Der Knast im Kirchenstaat

Aber schauen Sie mal bitte ein wenig nach links. Dort sehen Sie in einiger Entfernung ein ockerfarbenes Haus, die Gendarmeriekaserne. Und in der zweiten Etage: vergitterte Fenster. Ich hatte Ihnen ja einen Blick auf das vermutlich kleinste Gefängnis der Welt versprochen. *Ecco qui!*

Hier saß übrigens auch Paolo Gabriele ein. Sie erinnern sich vielleicht noch an den sogenannten Vatileaks-Skandal: Paolo, der Kammerdiener von Papst Benedikt XVI., hatte geheime Dokumente vom päpstlichen Schreibtisch entwendet und an die Presse weitergegeben. Paolo musste rund zwei Monate lang hier im Vatikan einsitzen, bis ihn Benedikt kurz vor dem Weihnachtsfest 2012 begnadigte. Der Ex-Kammerdiener durfte zurück zu seiner Familie. Und er hatte es nicht weit – vom Gefängnis zu seinem Wohnhaus waren es nur wenige Schritte. Denn Paolo lebte genau in dem Haus, vor dem wir jetzt stehen – und in dem sich auch die Elemosineria befindet. Ein paar Treppenstufen hoch …und schon beginnt sie, die Qual der Segenswahl.

Welchen hätten's denn gern?

Einen apostolischen Segen in Vorlage B4 zum Hochzeitstag? Ab 18 Euro. Oder lieber einen Taufsegen – C7, 21 Euro … oder zur Erstkommunion, Firmung, Priesterweihe? Eine päpstliche Benediktion zur Ordens-Profess ist genauso möglich wie ein Segensgruß zum 18. Geburtstag oder zum 80. Es gibt die Segenswünsche in vielen verschiedenen Sprachen, Ausführungen und Preisklassen, jeweils personalisiert mit dem Namen der zu segnenden Person. Foto des Papstes natürlich inklusive. Man kann den Segen direkt hier vor Ort bestellen und das Pergament dann nach

Der ins Pflaster eingelassene Gedenkstein erinnert an den Ort, wo das Attentat auf Papst Johannes Paul II. verübt wurde.

einigen Tagen abholen – oder es sich schicken lassen, denn das Büro versendet weltweit per DHL-Express, gegen Vorkasse. Für alle, die jetzt empört die Nase rümpfen, das sei doch alles nur Geldmacherei und moderner Ablasshandel: Keine Sorge, die katholische Kirche behält von dem Geld keinen einzigen Cent. Alle Erlöse kommen ausschließlich karitativen Zwecken außerhalb des Vatikans zugute. Also: Wer einen Segen mitnimmt – Win-win-Situation! –, kann auch für andere zum Segen werden.

Im Fotoarchiv des Osservatore Romano

Codewort Nummer 2, um *intra muros,* also in den Innenbereich der Vatikanmauern zu gelangen, funktioniert auf ähnliche Weise. Und zwar auch nachmittags, wenn das Segensbüro bereits geschlossen ist. Sie müssen die Schweizergarde am Sankt-Anna-Tor dann einfach um einen Besuch beim »Servizio Fotografico« bitten. Dafür biegen Sie wiederum rechts in die Via del Pellegrino ein, gehen jetzt aber praktisch bis zum Ende der Straße. Sie kommen an der Redaktion des »Osservatore Romano« vorbei, bis Sie den »Servizio Fotografico« erreichen, den Bilderdienst der Zeitung.

In dem kleinen Verkaufsraum befinden sich mehrere Computerbildschirme. An einem von ihnen klickt sich eine junge Ordensfrau gerade verzweifelt durch die Fotos der letzten Generalaudienz. Mit Schweiß auf der Stirn versucht sie im Heuhaufen von Abertausenden Aufnahmen genau das Bild zu finden, auf dem sie dem Papst die Hand schüttelt. Ähnlich viel Geduld ist am Nebentisch gefragt: Pilger aus

Chile drängen sich gespannt um den Bildschirm, um »ihren« Papst-Moment zu erspähen. *Aquí está, ¡por fin!* Ja, die Suche kann ewig dauern, aber sie lohnt sich definitiv. Denn so viel ist sicher: Jeder Handschlag, jeder päpstliche Kuss auf eine Babywange, jede noch so flüchtige Berührung mit dem Santo Padre wird vom Haus- und Hoffotografen festgehalten. Mittlerweile natürlich komplett digital, Halleluja. Und so heißt es: Geduldig suchen, Foto auswählen und direkt vor Ort ausdrucken lassen – ein zwar eher technischer Akt; und dennoch strahlt der »Servizio Fotografico« eine ganz besondere Atmosphäre aus.

Denn dieser Raum atmet immer noch den Geist von Arturo Mari, dem legendären Leibfotografen der Päpste, der 2007 in Rente ging. Unglaubliche 51 Jahre lang war er auf insgesamt 340 Papstreisen im In- und Ausland mit seiner Kamera dabei. Genauso wie bei wohl jeder Papstaudienz – mit gekrönten Häuptern, Präsidenten, Schauspielerinnen und Fußballern, Brautpaaren, Nobelpreisträgerinnen, Religionsführern, aber auch mit ganz normalen Menschen. Arturo habe sich nie krankgemeldet und auch keinen Tag Urlaub genommen, so erzählt man sich. Nur bei einer einzigen Papstmesse hatte er keine Kamera dabei: 2007, als sein eigener Sohn Juan von Benedikt XVI. zum Priester geweiht wurde.

Millionen von Fotos hat Arturo Mari über die Jahrzehnte geschossen und damit das öffentliche Bild der Päpste für immer verändert: Johannes Paul II. – vital und sportlich auf Skiern, bis dato undenkbar. Oder das ikonische Bild, wie sich der nun schon alte Johannes Paul, gebeugt und erschöpft, an seinem Bischofsstab festklammert. Arturos bekanntestes Foto allerdings war wohl auch sein schwierigstes, ein welthistorisches Zeitzeugnis: Obwohl er sich dabei wie ein Verräter fühlte, so sagte er später, war Arturo 1981 mit seiner Kamera dabei, als Johannes Paul II. von einem Attentäter auf dem Petersplatz angeschossen wurde. Auch dieser Moment ist hier im »Servizio Fotografico« zu sehen. Dieses Fotoarchiv ist eine einzigartige Schatzkammer. Und Sie kennen ja jetzt das Codewort, um sich Zugang zu verschaffen.

13. Mai 1981: der Tag des Attentats

Shopping auf gut katholisch

Es ist immer gut und wertvoll, mit Menschen befreundet zu sein, klar. Aber in Rom jemanden zu kennen, der eine *Tessera* für den Vatikan besitzt, ist Gold wert. Was ist eine *Tessera*? Die simple deutsche Übersetzung lautet: Karte. Aber das würde sie nur ungenügend beschreiben. Mit der Vatikan-*Tessera* können Sie nämlich im kleinsten Staat der Welt shoppen gehen – steuerfrei! Nicht schlecht, oder? Und wer bekommt so eine Karte? Prinzipiell alle Bürgerinnen und Bürger des Vatikanstaates, also beispielsweise Priester und Ordensleute, die innerhalb der Vatikanmauern leben. Aber natürlich auch Laien, also Nichtkleriker, die für den Vatikan arbeiten – im Ticketverkauf, bei der Post, als Journalistinnen oder Gärtner, als Ärztinnen oder Büro- und Putzkräfte. Sie alle haben eine *Tessera* – und mitunter dürfen auch deren Familienangehörige eine Karte fürs steuerfreie Einkaufsglück beantragen. Doch eine *Tessera* lohnt sich nicht nur finanziell.

Verhütungsmittel bekommt man in der päpstlichen Apotheke nicht.

Es gibt im Vatikan nämlich auch Dinge zu kaufen, die man nirgendwo sonst in Italien findet: Joghurt, Milch und Eier vom päpstlichen Bauernhof in Castel Gandolfo zum Beispiel. Oder Frischkäse, geadelt mit dem Papstwappen. Diese raren Schätze werden in der »Annona« angeboten, dem vatikanischen Supermarkt. Jeder *Tessera*-Inhaber darf übrigens einen externen Gast mitnehmen – Sie können sich also vorstellen: Vatikan-Freundschaften sind heiß begehrt. Mit der *Tessera* darf man natürlich auch ins Bahnhofsgebäude. Hier befindet sich das Shoppingcenter des Kirchenstaates, mit recht weltlichen Gütern: Wein, Bier, Schnaps, Parfüm, Kleidung, Computerspiele, Kühlschränke, Staubsauger, Mikrowellen. Es gibt aber auch Cohibas und Luxusuhren – alles steuerfrei. Sie merken schon, es ist gut, eine *Tessera* zu haben. Oder jemanden zu kennen, der jemanden kennt … dessen Bruder verheiratet ist mit der Nachbarin von … Ach, Sie wissen schon.

Wenn alle Medizin nichts hilft

Es gibt also verschiedene Möglichkeiten, in den verschlossenen Vatikan reinzukommen. Da fällt mir ein: Haben Sie vielleicht ein Arztrezept bei sich? *Perfetto!* Auch das ist eine Eintrittskarte. Mit mehr als 2000 Kunden täglich gilt die 1874 gegründete Farmacia Vaticana als meistbesuchte Apotheke der Welt. Medikamente gibt es hier oft günstiger als in Italien. Und man erhält auch Arzneien, die in Italien nicht – oder noch nicht – zu haben sind. Dafür verkauft die päpstliche Apotheke keine Verhütungsmittel – gut, einen Tod muss man sterben. Apropos: Sollte es Ihnen sehr schlecht gehen und Ihnen weder die Papstapotheke noch Stoßgebete helfen … wo genau könnten Sie innerhalb der Vatikanmauern beerdigt werden? Höchste Zeit für Codewort Nummer 3: »Campo Santo«. Der Eingang befindet sich, wie schon erwähnt, am Petrianus-Tor links der Kolonnaden.

Campo Santo Teutonico – zum Sterben schön!

Stellen Sie sich bitte einen kleinen Paradiesgarten vor. Sehr viel saftiges Grün, bunte Blumen, Schatten spendende Palmen, ein leichter, angenehmer Wind. Gelbe Kanarienvögel zwitschern über Ihrem Kopf. Und unter Ihren Füßen: jede Menge Gräber. Wir befinden uns in einer winzigen Enklave innerhalb des Vatikans, dem Campo Santo Teutonico. Hier, nur wenige Schritte vom Petersdom entfernt, sollen die ersten Christen das Martyrium erlitten haben, unter ihnen auch der Apostelfürst Petrus. Zum Komplex des Campo Santo gehört aber nicht nur der Friedhof, sondern auch die angrenzende Kirche Santa Maria della Pietà, außerdem eine Erzbruderschaft, ein Priesterkolleg und das Römische Institut der Görres-Gesellschaft. Ich treffe mich mit Hans-Peter Fischer. Der Freiburger Priester ist seit 2010 Rektor des Campo Santo Teutonico, des Priesterkollegs und der Erzbruderschaft. Wir duzen uns, weil wir uns schon seit vielen Jahren kennen.

Der Campo Santo Teutonico im Vatikan: wunderschön und völkerrechtlich hochkomplex

Gespräch mit Rektor Hans-Peter Fischer

Hans-Peter, dieser wunderschöne, paradiesische Ort wird ja umgangssprachlich als »Friedhof der Deutschen« bezeichnet. Aber Du sagtest mir mal, das sei nicht die ganze Wahrheit.

Ja, der Campo Santo versteht sich nicht als Ort der deutschen Nation, sondern hatte schon immer eine europäische Weite im Blick. Wir schauen dabei zurück auf Karl den Großen, der diesen Ort im Jahr 800 gegründet hat. Karl gilt ja als einer der Architekten Europas, als großer Vordenker dafür, dass sich viele Nationen vereinen. Und so sieht sich der Campo Santo auch als ein Ort deutschsprachig-flämischer Kultur.

Es geht also nicht darum, dass man einen deutschen Pass braucht, um hier auf den Campo Santo zu gelangen?

Nein, auf keinen Fall. In vielen Reiseführern steht, alle Deutschen hätten ein Recht darauf, den deutschen Friedhof zu besuchen. Das ist nur bedingt richtig, weil dieser Ort eben nicht national zu denken ist. Es geht um den Kulturkreis: also Deutschland, Österreich, Schweiz. Wir denken an Flamen, Elsässer und Südtiroler. An Luxemburg und Liechtenstein. Aber natürlich auch an Slowenien und Kroatien, wo der deutsche Kulturkreis noch ganz präsent ist. Niemand von diesen Besuchern könnte ja einen deutschen Pass vorzeigen. Und in der Regel sind die Schweizergardisten auch sehr großzügig – unabhängig davon, welcher Nation die Besucher angehören.

Stimmt es, dass Deutschsprachige, die früher während einer römischen Pilgerreise verstarben, hier sogar beerdigt werden konnten?

Ja, und das ist sogar noch heute so. Jeder, der aus dem deutsch-flämisch-niederländischen Kulturkreis kommt und während einer Pilgerreise oder eines Romaufenthaltes stirbt, hat hier Begräbnisrecht.

Also: Sollte es mich jetzt dahinraffen – ich dürfte tatsächlich hier beerdigt werden?

Genauso ist es. Deine Familie könnte anfragen, und es würde auch gewährt werden. Wir hatten hier den Fall eines verstorbenen Obdachlosen, Cesar Willy de Vroe – ein Flame, also ein Belgier. Er hatte viele Jahre lang unter den Kolonnaden des Petersplatzes gelebt. Ein Freund unserer Erzbruderschaft kannte ihn und schlug vor, ihn hier zu beerdigen. Und so ruht er jetzt auf dem Campo Santo. Generell ist eine Beerdigung hier aber natürlich den Mitgliedern unserer Erzbruderschaft vorbehalten sowie einigen Ordensgemeinschaften, die in Rom ansässig sind.

Völkerrechtlich ist dieser Ort ja hochspannend und ziemlich komplex. Wir sind jetzt nicht im Vatikan. Obwohl wir uns innerhalb der Vatikanmauern befinden.

Ja richtig, wir sind auf italienischem Boden. Der Campo Santo ist eine ganz kleine Insel innerhalb des Vatikans. Jetzt sind wir also auf italienischem Territorium – aber wenn wir aus der Tür rausgehen, betreten wir immer vatikanischen Boden.

Und mal angenommen, hier würde etwas passieren, ein Diebstahl oder ein Mord. Wer wäre denn formaljuristisch zuständig?

Ganz klar, der Vatikan! Der hat hier die Hoheitsgewalt, obwohl wir auf italienischem Staatsgebiet sind. Das ist eindeutig geklärt, und da gab es noch nie Streitigkeiten.

Diese besondere Stellung innerhalb des Vatikans hat ja auch im Zweiten Weltkrieg eine große Rolle gespielt. Es heißt, viele Jüdinnen und Juden seien über diesen Weg in Sicherheit gebracht worden.

Damals wohnte hier am Campo Santo der irische Priester Hugh O'Flaherty. Er arbeitete an der Kurie und war der wohl wichtigste Fluchthelfer Roms. Es heißt, er hätte über 6000 Menschen das Leben gerettet – ihnen entweder direkt zur Flucht verholfen oder zu Papieren, um sie vor Verfolgung zu schützen. Auch hier im Haus hat man rund 50 Jüdinnen und Juden Unterschlupf gewährt – man hat jede Ecke und jeden Winkel ausgenutzt. Immer war natürlich die Angst dabei, dass vielleicht jemand eindringt. Aber selbst die Faschisten haben die Grenzen akzeptiert – sie hätten ja ansonsten über vatikanisches Gebiet gehen müssen, um die Menschen zu deportieren.

Auf dem Campo Santo haben viele wichtige Menschen ihre letzte Ruhe gefunden. Aber gibt es ein Grab, das für Dich ganz persönlich eine besondere Geschichte erzählt?

Ja, tatsächlich. Das Grab von Tomás, einem kleinen Jungen aus Argentinien. Er ist nur elf Jahre alt geworden. Seine Asche haben wir hier in der Pilgergruft bestattet. Tomás litt an einer aggressiven Form von Blutkrebs. Aber Stefan, diese Geschichte kennen wirklich nur sehr, sehr wenige Menschen ... Also, man sagt, im Krankenhaus habe Tomás direkt nach dem Konklave Fernsehen geschaut. Und dort habe er Papst Franziskus gesehen, der gerade neu gewählt worden war – und dann habe Tomás zu den Krankenschwestern gesagt: Ich kenne den Mann da im Fernsehen, er ist mein Freund. Bei ihm möchte ich beerdigt werden.

Was für eine traurige Geschichte ... kannte er den Papst denn tatsächlich?
Seine Tante war damals in Buenos Aires als Sekretärin im Erzbistum tätig, als Franziskus dort noch Bischof war, so heißt es. Ja, er muss den Jungen wohl gekannt haben. Die Angehörigen haben mir damals auch Bilder von Tomás geschickt. Und eines Tages ließ Franziskus über einen Sekretär hier anfragen. Also ich muss sagen, der Papst war da unglaublich sensibel. Du musst wissen, man hatte ihm die Asche ja schon übergeben, bevor überhaupt eine Antwort von uns kam; und so ließ der Papst ganz schüchtern anfragen, ob wir diese Asche beerdigen könnten ...

... weil der Campo Santo der einzige aktive Friedhof innerhalb der Vatikanmauern ist?
Ganz genau. Juristisch gesehen dürfen wir hier eigentlich nur Menschen aus dem deutschsprachigen Kulturkreis beerdigen ...

... aber wenn der Heilige Vater höchstpersönlich anfragen lässt!
Ach, weißt Du, ich glaube, der Papst hätte es auch akzeptiert, wenn wir Nein gesagt hätten. Er hat sich da wirklich sehr sensibel verhalten. Also nicht nach dem Motto: Ich bin der Papst, ich will das. Im Gegenteil. Aber als die Erzbruderschaft Ja sagte, hat sich Franziskus schon sehr gefreut. Es heißt, er trage immer ein Bild von Tomás in seiner Tasche.

Hast Du selbst mit dem Papst über diese ganze Geschichte gesprochen?
Ja. Aber er erwähnte damals nur, dass er die Angehörigen des kleinen Tomás kennt. Papst Franziskus hat das Grab sogar schon besucht. Er war mit der Mutter hier. Aber ohne dass jemand von uns das mitbekommen hätte. Es gibt nur ein Foto davon. Übrigens ist es die gleiche Gruft, in der auch Willy, der Obdachlose ruht. Und in die auch Du kommen würdest, falls Du hier stirbst – aber das hat wohl noch ein bisschen Zeit, oder? (Er lacht).

Also ich persönlich habe da keine besonders große Eile. Würdest Du als Rektor eigentlich auch hier beerdigt werden?
Es gibt hier tatsächlich ein Rektorengrab. Da hinten an der Mauer, mit den tollen Majolika-Kacheln, auf denen der Heilige Petrus zu sehen ist. Falls ich in Deutschland sterbe, muss man mich nicht extra hierher überführen. Aber falls ich in Rom oder Umgebung sterben sollte, möchte ich schon gerne hier beerdigt werden. Das ist doch ein wunderschöner Ort, oder?

Und hat er nicht recht? Sie werden Rektor Fischer definitiv zustimmen, wenn Sie dieses sehr spezielle Fleckchen Erde besuchen. Diesen ganz besonderen Friedhof, der nicht ans Sterben erinnert, sondern eher an einen idyllischen Paradiesgarten. Aber trotzdem: genug vom Thema Tod! Ich hatte Ihnen am Anfang ja vom vatikanischen Geldautomaten erzählt, der auf Latein mit Ihnen spricht. Wo genau sich dieser Automat befindet, und warum Latein – diese angeblich so tote Sprache – in Wahrheit quicklebendig ist, das erfahren Sie im nächsten Kapitel. Wir werden nämlich gemeinsam ein neues lateinisches Wort erfinden, das sogar ganz offiziell im Lexikon landen wird. *Ita est, possumus.* Wir schaffen das!

Hans-Peter Fischer zeigt mir das Rektorengrab.

Ich durfte dem Heiligen Vater die Hand geben – unvergesslich.

Was?

Mit dem Papst gemeinsam beten – oder ihm sogar die Hand schütteln.

Wann, wie und wo?

Möglichkeit Nummer 1: Angelusgebet auf dem Petersplatz

An jedem Sonntagmittag (außer wenn der Papst auf Reisen ist). Sie brauchen keine Tickets, kommen Sie aber nicht auf den letzten Drücker, die Sicherheitskontrollen können etwas länger dauern. Für alle, die kein Italienisch sprechen: Radio Vatikan und Radio Horeb übertragen live mit deutscher Übersetzung.

Tipp: Direkt nach dem Angelus-Gebet wird der Petersdom geöffnet. Nutzen Sie diese Chance für einen Besuch, so müssen Sie nur ein einziges Mal an der Sicherheitskontrolle anstehen.

• Sonntags Punkt 12 Uhr | Eintritt frei

Möglichkeit Nummer 2: Generalaudienz

An jedem Mittwochmorgen (außer während der Sommerpause oder falls der Papst auf Reisen ist). Für diese Udienza Generale benötigen Sie ein kostenloses (!) Ticket, das Sie vorher – ganz *oldschool* per Fax – bei der Präfektur des Päpstlichen Hauses vorbestellen müssen. Per E-Mail geht's mittlerweile auch, Gott sei Dank.

Die Tickets können Sie am Audienztag ab 7.30 Uhr bei den Schweizergardisten am Bronzetor abholen (Eingang Vatikanischer Palast, am Ende der rechten Kolonnaden), oder am Vortag zwischen 15 und 19 Uhr.

Tipp: Obwohl die Audienz erst um 9.15 Uhr startet, begrüßt der Papst bereits ab 9 Uhr persönlich die Anwesenden. Die Chance auf einen guten Platz zum Shakehands erhöht sich natürlich, je früher man vor Ort ist – was halten Sie von ca. 7.30 Uhr? Es lohnt sich definitiv, zeitig aufzustehen!

• Mittwochs 9.15 Uhr
• Eintrittskarten für die Generalaudienz bei der Präfektur des Päpstlichen Hauses
  00120 Città del Vaticano
  www.vatican.va/various/prefettura/index_ge.html
  Fax: +39 06 69 88 58 63
  E-Mail: ordinanze@pontificalisdomus.va
• oder beim deutschsprachigen Pilgerzentrum: www.pilgerzentrum.net

NICHT VERPASSEN

Bevor Kardinal Ratzinger zum Papst gewählt wurde, wohnte er einige Zeit am Campo Santo und zelebrierte hier – selbst noch viele Jahrzehnte danach – an jedem Donnerstag die Messe. Daraus entwickelte sich die Tradition der donnerstäglichen Kardinalsmesse, bei der fast immer ein Kardinal der Feier vorsteht. Falls Sie also gerne zeitig aufstehen: Besuchen Sie an einem Donnerstag die Messe am Campo Santo – gerade in den frühen Morgenstunden herrscht an diesem paradiesischen Ort eine ganz besondere Stimmung.

Interesse an der Schweizergarde?

Verpassen Sie nicht den Wachwechsel der Gardisten am Arco delle Campane – direkt links des Petersdoms. Um 8 Uhr beginnt die Ehrenwache ihren Dienst. Der Wechsel findet jeweils zur vollen Stunde statt; letzter Wechsel um 18 Uhr.

• www.schweizergarde.ch

Was?

Die winzige Enklave Campo Santo Teutonico innerhalb der Vatikanmauern besuchen.

Wie und wo?

Am Eingang Cancello Petriano hinter den linken Kolonnaden bei den Schweizergardisten um Zugang zum Campo Santo bitten.

Wann?

• Täglich von 7–12 Uhr, außer am Mittwoch während der Generalaudienz.

Heilige Messe in deutscher Sprache (mittwochs auf Latein, samstags auf Italienisch)

• Mo–Fr 7, Sa 8, So 10 Uhr
  www.erzbruderschaft.va
  Tel. +39 06 69 88 39 23 (Sekretariat)

Gut bewacht – der Eingang am Arco delle Campane

TIPPS

DEUTSCHSPRACHIGES IN ROM

Santa Maria dell'Anima

Die Kirche in der Nähe der Piazza Navona ist eine der schönsten und beeindruckendsten in Rom. Mit täglichen Gottesdiensten in deutscher Sprache ist sie erste Anlaufstelle für Romreisende, die in ihrer Muttersprache die Messe feiern möchten.

Schon Martin Luther war hier zu Gast. Er befand, dass in Rom alles nur Prunk und Protz sei, doch es gebe auch eine Kirche mit Stil: Santa Maria dell'Anima.

Im Bruderschaftsbuch der Anima finden sich die Namen mehrerer Kaiser und auch die der beiden Päpste Johannes Paul II. und Benedikt XVI.

Apropos: Im Chor der Kirche befindet sich das Grab des 1523 verstorbenen »deutschen« Papstes Hadrian VI. – geboren in Utrecht, das damals zum Heiligen Römischen Reich Deutscher Nation gehörte. Er war der letzte Nichtitaliener auf dem Stuhl Petri, bevor Johannes Paul II. Papst wurde.

Heute zeichnet sich die Anima vor allem durch die sehr lebendige Gemeindearbeit aus: Kurat Konrad Bestle organisiert beliebte Jugendtreffen, Vorträge und Konzerte, es gibt sogar ein Oktoberfest, stilecht mit bayrischem Bier und Brezn.

- Via di Santa Maria dell'Anima 64 00168 Roma
  www.pisma.it
  Instagram: @pisma.it
- Heilige Messe: Montag–Samstag 18, Sonn- und Feiertage 10 Uhr

UNNÜTZES PARTYWISSEN RUND UM DEN PAPST

Der Vatikan ist bekanntlich ein eigener Staat. Aber der weitaus größte Teil seines Territoriums befindet sich außerhalb seiner Mauern: Etwa 700 000 Quadratmeter exterritoriale Gebiete besitzt der Vatikan, darunter die Ländereien in Castel Gandolfo, die Paläste rund um den Petersplatz, in denen sich die Päpstlichen Kongregationen befinden – und auch die klassischen Pilgerkirchen wie San Giovanni in Laterano und Santa Maria Maggiore. Das Verrückte: Der Papst selbst genießt ebenso den Status der Extraterritorialität, und zwar überall, wo er sich gerade aufhält. Völkerrechtlich gesehen steht der Pontifex also jederzeit auf eigenem Grund und Boden. Das heißt ganz konkret: Sollte er klauen oder sogar morden, wäre er dennoch der Gerichtsbarkeit des jeweiligen Staates entzogen. Nur vor dem Jüngsten Gericht hätte er wohl so einiges zu erklären.

Sehenswert: der prächtige Altarraum von Santa Maria dell'Anima. Rechts das Grabmal des »deutschen« Papstes Hadrian VI.

Casa di Goethe

Herbst 1786. Ein junger Mann trägt sich in das Personenstandsregister einer römischen Pfarrei ein: »Filippo Miller, Deutscher, 32 Jahre alt«. Doch in Wahrheit war dieser Filippo niemand Geringerer als der berühmte deutsche Dichterfürst Johann Wolfgang von Goethe, der sich während seiner »Italienischen Reise« an der Via del Corso 18 im Herzen Roms für 15 Monate einquartierte. Mobiliar der Zeit ist leider nicht mehr erhalten, trotzdem bekommt man in der Dauerausstellung mit Originaldokumenten und Zeichnungen einen guten Eindruck vom Leben Goethes und seiner Künstlerfreunde. Zudem gibt es regelmäßige Wechselausstellungen und einen deutsch-italienischen Kulturaustausch.

● **Via del Corso 18 | 00186 Roma**
  www.casadigoethe.it

Instagram: @casadigoethe
Öffnungszeiten: Dienstag–Sonntag 10–18 Uhr, Eintritt 6 Euro

Deutsche Akademie Villa Massimo

Die Villa Massimo gilt als edelste deutsche Künstlerakademie der Welt: Umgeben von Zypressen und Pinien können deutsche Künstlerinnen und Künstler hier in idyllischer Umgebung ihre Stipendiumszeit nutzen, um kreativ zu werden. Sogar Literaturnobelpreisträgerin Herta Müller wohnte schon in diesem Paradies auf Zeit. Immer wieder gibt es auch öffentliche Veranstaltungen: Lesungen, Konzerte, Ausstellungen. Legendär ist das lauschige Sommerfest der Villa Massimo mit seiner »Großen Atelierstraße«.

● **Largo di Villa Massimo 1–2**
  00161 Roma
  www.villamassimo.de

Terza Loggia: Der berühmte Raffael verzierte den Apostolischen Palast mit fantasievollen Ornamenten – den Grotesken. Inspiration dafür fand er in Neros Domus Aurea (S. 14)

4

Wörter-Erfinder im Apostolischen Palast

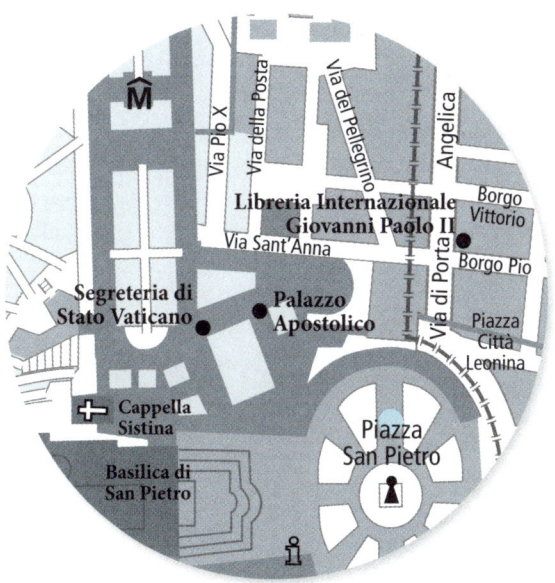

Lingua franca der Wissenschaft, Qual der Gymnasiasten: Latein. Im Vatikan ist die alte Sprache quicklebendig statt mausetot!

Knödel? Globūli Tirolenses!

Vatikanisches Staatssekretariat, Latein-Sektion, 11 Uhr: Zeit für eine Kaffeepause. Allerdings sagt hier niemand Kaffeepause, sondern *inter-missio operis ad cafeum hauriendum*. Und man fragt nicht: Hey, was gibt's Neues?! Sondern: *Num quidnam novi?*

Ja, hier wird tatsächlich jeden Tag Latein gesprochen. Zum Mittag gibt's nicht Knödel, sondern *globūli Tirolenses,* und abends isst man statt Pizza eine *placenta compressa*. Willkommen im Vatikan, dem einzigen Ort der Welt, wo Latein offizielle Amtssprache ist. Und wo ständig neue Worte erdacht werden müssen. Klingt schräg… aber lassen Sie uns doch einfach mitmachen: Wir erfinden – mit kompetenter Hilfe – ein neues Wort, das sogar im offiziellen Lateinlexikon landen wird. *Agedum!* Auf geht's!

Mit Sondererlaubnis in den Papstpalast

Wir starten *in medias res:* Mario ist einer der nettesten und lustigsten Menschen, die ich kenne. Er kommt gebürtig aus Kroatien, ist Priester und arbeitet in der Latein-Sektion des Staatssekretariates, also quasi in der Regierung des Vatikans. Hier laufen alle Fäden der Weltkirche zusammen. Und weil Mario wirklich extrem hilfsbereit ist, hat er bei seinem Chef die Erlaubnis eingeholt, mich mitzunehmen in die Heiligen Hallen der Terza Loggia, der dritten Etage des Apostolischen Palastes. Hier dürfen normalerweise nur Kurienmitarbeiter rein – und ganz ausnahmsweise auch an Latein interessierte Besucher wie ich.

Ein Geldautomat, der Latein spricht

Kleiner Gewissenskonflikt: Ob ich Mario noch schnell beichten sollte, dass ich beim Lateinunterricht in der Schule, nun ja, eigentlich nur körperlich anwesend war – und darum mein Latinum beinahe nicht geschafft hätte? Aber wie der römische Dichter Tibullus schon sagte: »Wer weise ist, freue sich im schweigsamen Herzen!« Deshalb los: rein in den Vatikan, in Richtung der

Apotheke und zunächst einmal ab zum einzigen Geldautomaten der Welt, der mit seinen Kunden auf Latein spricht: *Inserite scidulam quaeso!* »Hier Karte einführen«, steht auf dem Display.

»Ja, Stefan, wie Du siehst, nehmen wir unsere Amtssprache hier ziemlich ernst!«, sagt Mario mit breitem Grinsen. »Aber komm, lass uns hochfahren in den Apostolischen Palast!«

Und so gehen wir gemeinsam an mehreren Checkpoints vorbei, an denen Mario seinen Passierschein vorzeigen muss, bis wir schließlich vor einem Lift im Apostolischen Palast stehen. »Stefan, Du weißt ja, Papst Johannes Paul II. und Benedikt XVI. haben diesen Palast noch dauerhaft bewohnt«, sagt Mario. »Papst Franziskus aber nicht mehr. Er lebt jetzt im vatikani-

Der Hl. Christophorus ist Schutzpatron der Aufzugfahrer im Apostolischen Palast.

schen Gästehaus Santa Marta, aber natürlich kommt er für seine Amtsgeschäfte regelmäßig hierher.«

»Übrigens«, fährt Mario fort, während er auf den Aufzugsknopf drückt, »alle Staatsgäste, die eine Privataudienz beim Papst haben, benutzen auch genau diesen Aufzug hier.« – »Hoffentlich bleibt der nicht mal stecken!«, schmunzle ich. Und dabei fällt mir auf, dass man im Vatikan wohl schon ähnliche Sorgen hatte. An der Aufzugswand hängt nämlich eine übergroße Plakette des Heiligen Christophorus, des Schutzpatrons aller Reisenden. Von ihm erhofft man sich eine segensreiche und unfallfreie Fahrt! Normalerweise eher in Autos … hier im Vatikan aber offensichtlich auch in Aufzügen. Sicher ist sicher, selbst wenn die Reise nur ein paar Meter auf- und abwärts geht.

Während wir also gut behütet im Lift nach oben fahren, erklärt mir Mario: »Im zweiten Stock befinden sich die Repräsentationsräume, da empfängt der Papst täglich seine Gäste. Wir fahren jetzt aber noch ein Stockwerk höher, in die Terza Loggia, wo die Regierung des Vatikans untergebracht ist, also sozusagen das Innen- und Außenministerium.«

Im Gespräch mit Mario Popović

Wie viele Menschen arbeiten eigentlich hier?

Wir sind ungefähr 240 – was gar nicht so viel ist, wenn Du bedenkst: Das hier ist die komplette Regierung eines eigenständigen Staates, der zwar klein ist, aber rund um den Globus agiert. Das Päpstliche Staatssekretariat hat drei Abteilungen: eine Sektion für allgemeine Angelegenheiten, dann noch eine Sektion für die Beziehungen mit den Staaten – das ist quasi unser Außenministerium –, und auch noch eine Sektion für das diplomatische Personal des Heiligen Stuhls.

Und Du arbeitest in der allgemeinen Sektion?

Ganz genau. Da gibt es natürlich viele verschiedene Fachbereiche – also: Administration, Protokoll, Personalabteilung und so weiter. Aber eben auch die *Sezione Linguistica,* die Sprachenabteilung. Die wiederum unterteilt sich in die wichtigsten Sprachen für den Vatikan, also: Englisch, Spanisch, Portugiesisch, Französisch, Italienisch, Deutsch, Polnisch und Arabisch. Und Latein natürlich. In jeder Sprachabteilung arbeiten zwischen fünf und zehn Menschen, bei uns Lateinern aber immer genau sieben – das ist schon seit Jahrhunderten so.

Latein ist ja die einzige Amtssprache. Heißt das, dass Ihr auch für alle offiziellen Dokumente zuständig seid?

Ja, tatsächlich. Und das Besondere ist: Praktisch alle Dokumente, die wir bearbeiten, werden vom Papst persönlich unterzeichnet. In den anderen Sprachabteilungen macht das eher der Kardinalstaatssekretär, ein Erzbischof oder Assessor. Aber auf

Eine quicklebendige Sprache! Latein-Experte Mario zeigt mir Begriffe, die er neu erfunden hat.

Latein werden eben die wichtigsten Dokumente verfasst. Zum Beispiel Ernennungs-Bullen für Bischöfe in der ganzen Welt. Oder wenn der Papst ein *Motu proprio* herausgibt. Das bedeutet übersetzt »aus eigenem Antrieb« und ist ein kirchenrechtliches Schreiben des Heiligen Vaters.

Die Muttersprache von Papst Franziskus ist ja Spanisch. Das heißt, so ein *Motu proprio* würde er auf Spanisch verfassen – und Ihr müsst dann die lateinische Übersetzung machen?

Also meistens schreibt er auf Italienisch, nur manchmal auf Spanisch. Bei Enzykliken, also päpstlichen Lehrschreiben, bekommen alle Sprachsektionen die Texte immer auf Italienisch. Und dann machen wir uns an die Übersetzungsarbeit.

Das ist schon eine besondere Herausforderung – und auch eine große Verantwortung! Diese Texte werden ja auf der ganzen Welt gelesen, da kommt es doch auf jedes Wort an.

Natürlich. Und Du musst bedenken: In den anderen Sprachabteilungen arbeiten fast nur Muttersprachler, die alle feinsten Bedeutungsunterschiede spüren. Das Problem bei Latein ist: Es gibt keine Muttersprachler. Niemand von uns ist mit Latein aufgewachsen – und es gibt auch keine offizielle »Kontrollinstanz«. Anders zum Beispiel beim Italienischen, da wacht die Accademia della Crusca über die Sprache. Bei Latein ist das nicht so.

Aber hey – dafür gibt es doch Euch im Vatikan! Könnte man also sagen, dass Ihr die weltweiten Hüter der lateinischen Sprache seid?

Nun ja, es gibt in Nordamerika einige Institute an Universitäten, die sich sehr intensiv mit Latein befassen. Mit denen sind wir auch manchmal in Kontakt. Aber dort geht es ja um die Lehre, um die Ausbildung, nicht um eine Institution. Wir sind die einzige Regierung der Welt, die Latein professionell nutzt. Und deshalb können wir sagen: Ja, zumindest wenn es um kirchliche Texte geht, sind wir so etwas wie die weltweiten »Hüter« der lateinischen Sprache.

Wenn es keine Muttersprachler mehr gibt – wer entscheidet dann am Ende eigentlich, was richtig ist und was falsch?

Latein ist eine sehr demütige Sprache, weil niemand alles weiß. Jeder lernt immer noch dazu, das ganze Leben lang – auch unsere *Seniores,* die schon seit 30 oder 40 Jahren in der Lateinsektion arbeiten. Zum Beispiel unser ältester Kollege, er ist emeritierter Professor und bereits über 80 Jahre alt. Wahrscheinlich zählt er zu den Top-5-Lateinexperten auf der Welt. Aber weißt Du was? Er fragt uns jüngere Kollegen oft nach unserer Meinung. So ein demütiger Mann! Wenn man über Latein nachdenkt – also nicht nur über Deklinationen und Zeitformen, sondern über die *forma mentis,* also über die Art und Weise des Lebens und Denkens – dann macht Latein einen sehr demütig.

Mario und ich spazieren durch die wunderschönen Gänge des Apostolischen Palastes, während er mir all das erzählt. Und als ich ihn frage, wie viele Sprachen er eigentlich spricht, sagt er nach kurzem Zögern: »Fünf.« Na klar, auch das könnte man »Demut« nennen – oder einfach nur »schamlose Untertreibung«. In Wahrheit sind es nämlich mindestens sieben: Kroatisch, Slowenisch, Englisch, Deutsch, Italienisch, Französisch und Spanisch fließend. Dazu noch Latein, Hebräisch und Altgriechisch. Zehn. Bald möchte Mario auch noch Russisch lernen … und ich frage mich, ob ich in seiner Gegenwart wohl direkt zu Staub zerfallen wäre, hätte ich mein Latinum nicht geschafft. Latein macht demütig, da hat er recht.

Was für ein Weg zum Büro! Wer im Staatssekretariat arbeitet, durchquert jeden Tag die »Loggia delle carte geografiche« im dritten Stock des Papstpalastes, um an seinen Schreibtisch zu gelangen.

Sprecht Ihr eigentlich auch manchmal Latein im Büro – nur so zum Spaß?

Na klar, jeden Tag um 11 Uhr in unserer Kaffeepause, ungefähr 20 Minuten lang. Das ist für uns alle eine super Übung. Wir erzählen uns, was es Neues gibt, was noch so ansteht im Büro.

Das klingt verrückt. Vermutlich seid Ihr die einzigen Menschen auf der Welt, die das machen. Aber wie spricht man auf Latein über Dinge, die es früher gar nicht gab?

Ganz einfach: Wir müssen immer wieder neue Worte erfinden. Natürlich gab es bei den alten Römern keinen »Hubschrauberlandeplatz«. Also haben wir ein Wort dafür entwickelt: *Portus helicopterorum.* Schau mal, dieses Lexikon ist hier im Vatikan entstanden: das *Lexicon recentis Latinitatis.* Da sind ungefähr 15 000 moderne lateinische Wörter drin.

Und tatsächlich, von »A« wie Airbag, *follis se protinus inflans* (Sack, der sich vor einem aufbläht), bis »Z« wie Zombie, *homo torpens consiliique inops* (erstarrter und vernunftberaubter Mensch) ist alles mit dabei. Und einige der Neuschöpfungen entbehren nicht einer gewissen Komik: *Globūli Tirolenses* sind lateinische Knödel. Mit dem »gepressten Kuchen«, der *placenta compressa,* wird eine Pizza beschrieben. Die »Generalprobe« wird zum *extremum experimentum,* der »Atommüll« zu den *reliquiae atomicae.* Technische Erfindungen müssen natürlich auch benannt werden: Das »Walkie-Talkie« findet seine Entsprechung im *instrumentum radiotelephonicum portabile* – dem tragbaren Radio-Fernsprech-Instrument. Aber was macht man bloß mit dem Wort »Piercing«? Nun ja, man muss es etwas umständlich umschreiben als *perforatio alicuius partis corporis ad ornamenta inducenda* – Durchbohrung gewisser Körperteile zum Zwecke der Schmuckeinführung. Auch beim Thema »Aerobic« braucht man einen ziemlich langen Atem. Nicht nur, was das Sporteln selbst angeht, sondern auch beim Aussprechen der Lateinversion: *exercitatio gymnica spiritum movens, ad motum cordis et sanguinis circuitum excitandum* – gymnastische Übung mit Atembewegungen zur Erregung des Herzens und Blutkreislaufes. Apropos Erregung – können Sie sich vorstellen, wie rot die Ohren im Vatikan wurden, als es um eher pikante Themen ging? Wie übersetzt man wohl »Sexshop«? *Taberna rerum obscenarum* – (Wirts-)haus der schamvollen Dinge. Und – um Himmels Willen – wie nennt man auf Latein bloß ein »Callgirl«? *Meretricula telephonice arcessita:* Dirne, die telefonisch herbeigerufen werden kann. Logisch, praktisch, gut!

Nach welchen Kriterien entstehen die neuen Worte? Sagt Ihr Euch: Heute nehmen wir uns diesen oder jenen Themenbereich vor?

Nein, das passiert immer aus der Notwendigkeit heraus. Wenn wir ein neues Wort brauchen, müssen wir es erfinden. Gerade in der Coronapandemie war da viel zu tun.

Apropos, habt Ihr schon ein neues Wort für »Schanigarten«? Das wurde in Deutschland während der Coronakrise verwendet und bedeutet so etwas wie ein Restaurant auf der Straße. Die Wirte durften in der Pandemie ja ihre Tische und Stühle auch draußen vor dem Restaurant aufstellen.

Dafür haben wir tatsächlich noch kein lateinisches Wort. Aber lass mich kurz nachdenken. Also mit *hortus* kommen wir nicht weiter. *Hortus* bedeutet zwar »Garten«, aber das wäre viel zu botanisch für unseren Zweck. Das neue Wort darf auch nicht allzu lang sein. Und man muss in der Logik der Sprache denken ... Was hältst Du hiervon: *thermopolii externa pars?* Im Wort *Thermopolium* steckt *thermos* – warm/heiß –, und *poleo* heißt verkaufen. Ein *Thermopolium* ist also eine Bar, in der es auch Warmes zu essen und zu trinken gibt. *Externa* bedeutet »außerhalb«. Und *pars* ist der Teil. Also: der Außenbereich einer Gaststätte. Bist Du einverstanden?

Also für mich klingt das ziemlich logisch. Vielen Dank, Mario! Sag mal, wenn es eine Neuauflage des Lexicon recentis Latinitatis gibt, wird unser lateinischer Schanigarten dann auch drinstehen?

Indubitatus – ohne Zweifel! Dafür werde ich persönlich sorgen.

Der Ausblick von der Terrasse des Apostolischen Palastes – ein weiteres Highlight meines Besuchs

Quid, quando, ubi?
Was, wann, wo?

Latein ist gar nicht so tot und langweilig, wie ich als Schüler immer dachte. Im Gegenteil: Jeden Tag beschäftigen sich Lateinexperten im Vatikan damit, die Sprache der alten Römer lebendig zu halten. Ja, das kann man schräg und exzentrisch finden – oder auch spannend und hilfreich. Übrigens auch ein Grund dafür, warum ich dieses Kapitel geschrieben habe: um gequälten Schülerinnen und Schülern das Lernen leichter zu machen. Denn der Vatikan gibt nicht nur das *Lexicon recentis Latinitatis* heraus, mit dessen Hilfe man sich lateinische Worte auf unterhaltsame Weise erschließen kann – nein, man findet sogar die Twitter-Botschaften des Papstes auf Latein: *Summi Pontificis Breviloquentis* – zu Deutsch: der Papst fasst sich kurz!

Zuerst Griechisch, dann Latein – bei der Suche nach neuen Begriffen ist Genauigkeit gefragt.

Beide Bücher sind in der Vatikanischen Buchhandlung in der Nähe des Petersdoms erhältlich.

Vatikanische Verlagsbuchhandlung

Hier findet man das *Lexicon recentis Latinitatis*, das rund 15 000 moderne lateinische Ausdrücke enthält. Es gibt auch eine etwas kürzere Fassung, das *Lexicon Latinum Hodiernum*. Und natürlich die Twitterbotschaften des Heiligen Vaters: *Summi Pontificis Breviloquentis*.

- Libreria Internazionale Giovanni Paolo II
  Piazza San Pietro
  Braccio di Carlomagno
  00120 Città del Vaticano
  Tel. +39 06 69 84 57 73
  libreria.internazionale@spc.va
  Montag–Samstag 9–15 Uhr

LATEIN FÜR DIE LAUSCHER:
NOTICIAE VATICANAE
LATINE REDDITAE

Wer gerne mal wissen möchte, wie es eigentlich klingt, wenn Latein gesprochen wird: An jedem Samstag veröffentlicht Radio Vatikan seine Nachrichten in der Sprache der alten Römer: Die Woche des Papstes, *Hebdomada Papae*.
www.vaticannews.va/de/podcast/
audio-nachrichten-auf-latein.html

TIPPS

AUSBLICKE

Der Ausblick von der Terza Loggia des Apostolischen Palastes war mir nur dank Sondergenehmigung gegönnt. Doch in Rom gibt's ja jede Menge traumhafte Ausblicke. Gerade die Abendstimmung über der Ewigen Stadt ist unvergesslich. Hier die besten Spots, um einen romantischen *Tramonto romano* – einen römischen Sonnenuntergang – zu erleben.

Pincio-Hügel – coole Musik und Seifenblasen!

Wer den Weg von der Piazza del Popolo – dem Platz des Volkes – hoch geschafft hat auf den Pincio-Hügel, dem liegt Rom zu Füßen – und der wird auch mit einem großartigen Blick auf den 24 Meter hohen Obelisken Flaminio belohnt. Der Sonnenuntergangs-Klassiker an der Terrazza del Pincio ist extrem beliebt – wegen der entspannten Stimmung, der lässigen Livemusik und den Seifenblasen-Künstlern. In der angrenzenden Villa Borghese (»Villa« meint hier nicht wie im Deutschen ein herrschaftliches Haus, sondern den Stadtpark) befindet sich die Galleria Borghese, mein persönliches Lieblingsmuseum (siehe S. 157). Wie wär's? Zuerst weltberühmte Kunstwerke bewundern, danach gemütlich durch den Park schlendern und anschließend das faszinierende Farbenspiel über der Ewigen Stadt anschauen? Ich finde, das klingt nach einem extrem guten Plan!

• **Terrazza del Pincio, Salita del Pincio 00187 Roma**

Aventin-Hügel – eingehüllt in den Duft von Orangenblüten!

Hier mein Vorschlag für den nächsten Top-Aussichtspunkt: zuerst durchs weltberühmte Schlüsselloch an der **Piazza dei Cavalieri di Malta** auf dem Aventin-Hügel schauen – das Motto: »ein Blick – drei souveräne Staaten«: Italien, Malteserorden (siehe S. 96) und Vatikan. Wo sonst bekommen Sie so viel Internationales in nur einem einzigen Augenblick? Danach geht's zur **Basilika Santa Sabina.** Deren Hauptportal aus dunklem Zypressenholz stammt – Achtung! – aus dem Jahr 423! Die älteste Kirchentür der Welt – mit der ältesten Darstellung Christi am Kreuz. Weiter geht's zum benachbarten **Parco Savello,** auch Orangengarten genannt. Wer zur Blütezeit der zahlreichen Orangenbäume hierherkommt, wird von einer betörenden Duftwolke begrüßt. Am Ende des Parks stehen kuschelnde Pärchen, Jugendliche mit Bier in der Hand, Instagram-Profis mit Selfie-Sticks. Sie alle genießen diesen grandiosen Ausblick auf Rom – auf ihre jeweils eigene Art und Weise. (Bild S. 8)

- **Giardino degli Aranci (Parco Savello)**
  Via di Santa Sabina
  00153 Roma

Rom 360 Grad – ab auf die Schreibmaschine!

Am **Altare della Patria** – dem 1927 vollendeten Nationaldenkmal für König Vittorio Emanuele II – scheiden sich die Geister. Das wuchtige Monument mit dem zwölf Meter hohen bronzenen Reiterstandbild des Königs wird auch *Macchina da scrivere* – »Schreibmaschine« – genannt. Und ganz egal, wie geschmackvoll oder gewöhnungsbedürftig man diese Schreibmaschine findet, wenn man in 81 Metern Höhe auf ihr steht, ist man definitiv dankbar für diese tolle Aussichtsplattform. 360 Grad – nichts verstellt den Blick auf Rom! Hier könnte man ewig bleiben und würde sich doch nicht sattsehen an den Wundern der Ewigen Stadt. Hinauf geht's mit einem Glasaufzug. Der ist mit 12 Euro nicht unbedingt günstig, aber dennoch eine lohnende Investition für unvergessliche Erinnerungen.

- **Piazza Venezia**
  00186 Roma
  www.turismoroma.it/de/places/ die-terrasse-des-vittoriano

Terrazza del Pincio! Einer der lauschigsten Orte, um einen *Tramonto romano* – einen römischen Sonnenuntergang – zu genießen

Bella figura am Altar: Bei Papst-Schneider Filippo Sorcinelli gibt es hochwertigste Sakral-Kleidung, die sich auf traditionelle Formen beruft. Der Schneider selbst kommt eher überraschend daher …

5

Spaziergang zu den Schneidern der Päpste

Die perfekte Kugel, der hüllenlose Heiland, ein Elefant von hinten und der coole Tattoo-Typ an der Nähmaschine

Mit heißer Nadel ...

Mal ehrlich, wie stellen Sie sich den Schneider des Papstes vor? Zumindest in meinem Kopf entsteht folgendes Bild: ein älterer Herr, graue Schläfen. Perfekt sitzender Anzug mit Einstecktuch. Krawatte, na klar. Dazu vielleicht noch glänzende Lackschuhe. Auf jeden Fall ein sehr eleganter Mann mit exzellenten Umgangsformen und untadeligem Leumund. Er schneidert schließlich für den Heiligen Vater, den Stellvertreter Christi auf Erden.

Ja, so einen Papst-Schneider gibt es natürlich. Und dann gibt es da auch noch: Filippo. Ein extrem cooler Schneider der Päpste, der sehr anders ist, als man es erwarten würde.

Wie soll man so ein Kapitel beginnen? Mein Vorschlag: Lassen Sie uns ganz klassisch anfangen, dann wird der bemerkenswerte Kontrast später umso deutlicher.

Stippvisite am Pantheon

Also besuchen wir zunächst den wohl bekanntesten Schneider der Päpste: Gammarelli. Das 1798 gegründete Geschäft befindet sich mitten in der Stadt, nur wenige Gehminuten vom berühmten Pantheon entfernt. Und da dies ein so unglaublicher Bau ist, nehmen wir uns die Zeit und schauen kurz rein in dieses besterhaltene Zeugnis der römischen Antike.

Die Grundsteinlegung des Pantheons fand wohl um das Jahr 114 unter Kaiser Trajan statt. Fertiggestellt wurde es unter Kaiser Hadrian zwischen 125 und 128. Und nur zur Sicherheit, falls Sie diese Zahlen gerade schnell überflogen haben: Das Pantheon ist rund 1900 Jahre alt – in Worten und langsam zum Mitsprechen: eintausend-neun-hundert! Zum Vergleich: Als das Pantheon bereits fertig war, dauerte es nochmal fast 1700 Jahre, bis Washington DC gegründet wurde. Das Pantheon überstand Kriege, Erdbeben, Irrungen und Wirrungen, Wind und Wetter und schmückte sich ein ganzes Jahrtausend lang mit dem Rekord, die größte Kuppel der Welt zu besitzen.

Noch heute rätseln Experten übrigens über die genaue Zusammensetzung der damals beim Kuppelbau verwendeten Materialien. Vom äußeren Rand nimmt das Gewicht des Baumaterials immer weiter ab, bis am Opaion – dem kreisrunden Kuppelauge in der Mitte – das geringste Gewicht erreicht wird. Gut so, ansonsten würde die Kuppel aufgrund ihres Eigengewichtes zusammenstürzen. Eine unfassbare

Ingenieurskunst vor fast 2000 Jahren, die heutige Experten immer noch zum Staunen bringt.

Der Fiat Cinquecento ist nicht ganz so alt wie das Pantheon; Klassiker sind sie beide.

Allen Göttern geweiht

Apropos Staunen und Kuppel: Sollten Sie am Pfingstfest in Rom sein, können Sie ein bemerkenswertes Spektakel beobachten. Tausende rote Rosenblätter regnen dann aus dem Kuppelauge auf die Besucher nieder – als Symbol für den herabkommenden Heiligen Geist. Beste katholische Tradition also, obwohl das an diesem Ort längst nicht immer der Fall war. *Pān* bedeutet auf Griechisch »allumfassend«, *theós* ist der Gott. Das Pantheon war also zunächst allen heidnischen Göttern gewidmet, erst später – im Jahr 609 – wurde es zu einer christlichen Kirche, die man der Heiligen Maria und allen Märtyrern weihte: Sancta Maria ad Martyres. Viele Besucher betrachten das Pantheon allerdings nur als großes Museum und wissen gar nicht, dass es sich um einen geweihten Sakralbau handelt. Doch egal, aus welchen Motiven man hierherkommt, ob aus religiösen oder architekturgeschichtlichen, man kann gar nicht anders, als dieses Bauwerk mit offenem Mund zu bestaunen. Was für eine perfekte, einzigartige Komposition!

Grabstätte für Könige und Künstler

Mein Vorschlag: Nehmen Sie einen Platz direkt in der Mitte des Raumes ein. Unter Ihren Füßen werden Sie die kleinen Abflussrinnen für das Regenwasser bemerken, denn ein Teil des Himmels über Ihnen steht ja offen. Und dann stellen Sie sich bitte vor, innerhalb der Kuppel – und praktisch im gesamten Innenraum – befände sich eine riesenhafte Kugel. Diese Kugel würde oben in rund 43 Metern Höhe das Kuppelauge berühren und unten – fast auf den Zentimeter genau – Ihre Füße. Unglaublich, denn das Pantheon ist im Grundprinzip nichts anderes als eine giganti-

Durch das Kuppelauge des Pantheons fallen Lichtstrahlen herein; an Pfingsten sogar Rosenblüten.

sche Kugel. Ein perfektes antikes Kunstwerk, das übrigens nicht nur die Gräber der ersten beiden italienischen Könige Vittorio Emanuele II. und Umberto I. beherbergt, sondern auch die Ruhestätte eines weltberühmten Malers und Architekten: Raffaello Sanzio, der große Raffael, wollte auf eigenen Wunsch hier beerdigt werden. Und wie einzigartig seine Kunst war, zeigt der lateinische Spruch auf seinem schlichten steinernen Sarkophag. Für mich eine der beeindruckendsten Grabinschriften der Welt: *Ille hic est Raphael, timuit quo sospite vinci, rerum magna parens et moriente mori.* Auf Deutsch in etwa: »Hier ist jener Raffael, von dem die große Schöpfernatur fürchtete, übertroffen zu werden, als er noch lebte – und die befürchtete selbst zu sterben, als er starb.«

Der beste *caffè* der Stadt!

So viel tiefsinnige Melancholie müssen wir erstmal sacken lassen und mit ein bisschen quirliger italienischer Lebensfreude mischen, bevor wir dann gleich zu Gammarelli gehen. Und wo könnte man das besser als schräg gegenüber des Pantheons im Tazza d'Oro! So heißt der berühmteste Kaffeeladen Roms … obwohl, so ganz ist das nicht richtig: Es gibt noch ein anderes Kaffeehaus, das mit dem Tazza d'Oro eifersüchtig darum buhlt, wer den besten Espresso der Stadt kredenzt, nämlich das Sant'Eustachio, nur fünf Gehminuten von hier entfernt in Richtung Piazza Navona.

Wo es tatsächlich den besten Kaffee gibt? Da halte ich mich besser raus und überlasse diesen Geschmacks-Battle um die beste Bohne gerne Ihnen – probieren Sie beide und entscheiden Sie dann selbst.

Ein paar praktische Hinweise möchte Ihnen aber noch mitgeben auf dem Weg zum Koffein-Glück: Nein, unser deutscher Filterkaffee ist nicht das, was man in Italien mit einem *caffè* meint. Der italienische *caffè* ist nichts anderes als ein Espresso: klein und schwarz, der allerdings – Obacht – manchmal bereits gesüßt serviert wird. Das ist zum Beispiel im Sant'Eustachio so – falls Sie die ungesüßte Variante bevorzugen, sollten Sie das direkt bei der Bestellung sagen. Für eine Tasse Kaffee, wie sie uns teutonischen Köpfen vorschwebt, bestellt man einen *caffè americano*. Ein Cappuccino hingegen sieht auch in Italien genauso aus, wie Sie ihn von zu Hause kennen, aber *attenzione*: Wer ihn nachmittags bestellt, outet sich als Kaffee-Barbar und wird mitunter genauso freundlich beäugt, als würde man nach einer Pizza mit Ananas-Belag fragen.

In allen Kaffeeläden wie dem Tazza d'Oro gilt: Bezahlt wird grundsätzlich vorher an der Kasse, getrunken wird meistens im Stehen – denn das ist deutlich günstiger. Ein italienisches Gesetz besagt, dass ein *caffè* im Stehen nicht mehr als einen Euro kosten darf. Der Wachmacher für Zwischendurch gilt als Grundnahrungsmittel, das bezahlbar bleiben muss. Wenn Sie Ihren Kaffee allerdings lieber im Sitzen genießen wollen, kann sich der Preis schnell verdoppeln oder verdreifachen. Manchmal wird zusätzlich noch das *coperto* fällig, eine Grundgebühr fürs Gedeck. Also machen Sie's doch am besten wie die Einheimischen: Stellen Sie sich an die Theke, rühren Sie ausgiebig ein wenig Zucker in die dampfende Tasse mit dem schwarzen Gold … und reden Sie laut und raumgreifend über Gott und die Welt. *Dolce vita,* das süße Leben!

Andiamo!

So, genug ausgeruht und gestärkt, wir wollten ja noch bei Gammarelli vorbeischauen – und nicht zu vergessen: Wir haben gleich auch noch eine Verabredung mit Filippo Sorcinelli, dem wohl ungewöhnlichsten Papst-Schneider der

Zwischendurch einen *caffè macchiato:* einen Espresso mit Milchschaum. »Macchiato« bedeutet wörtlich »befleckt«.

Geschichte. Falls Sie sich schon mal auf den 45-Jährigen vorbereiten möchten, schauen Sie doch mal auf seine Instagramseite @filippo_sorcinelli. Ja, er zeigt sich gerne ohne übermäßig viel Kleidung und hat viele coole Tattoos auf seinem Körper. Glatze, Vollbart – der perfekte Hipster-Look. Und er produziert nebenbei auch eine Parfüm-Linie, die »Sex« heißt. »Nein, nein!«, wird er später grinsend sagen, »der Name spricht sich völlig anders aus!«

Skandalös? Jesus, so wie Gott ihn schuf!

Vom Tazza d'Oro gehen wir am Pantheon vorbei in Richtung Santa Maria sopra Minerva. Eine beeindruckende Kirche, die auf dem Gelände eines uralten Minerva-Tempels errichtet wurde. Verpassen Sie hier bitte nicht ein gefeiertes Hauptwerk Michelangelo Buonarottis von 1520: den auferstandenen Christus. Er befindet sich vor dem linken Chorpfeiler in der Nähe des Hauptaltars.

Aus einem Marmorblock erschuf Michelangelo eine der schönsten Statuen der Welt – einen anatomisch perfekten Jesus, der ein großes Kreuz im Arm hält. Es war allerdings Michelangelos zweiter Versuch. Beim ersten Marmorblock hatte sich eine markante schwarze Gesteinsader gezeigt, ausgerechnet dort, wo das Gesicht Christi entstehen sollte. Doch hier, in dieser zweiten Version nun, war alles perfekt: ein hüllenloser Heiland, geformt nach dem antiken Schönheitsideal. Aber wie unbekleidet darf es in der katholischen Kirche zugehen? Beim Konzil von Trient, das 25 Jahre nach der Vollendung von Michelangelos auferstandenem Christus begann, wurde die Darstellung »schamloser Schönheit« verboten. Es heißt, die Statue sei eine solche Provokation gewesen, dass ein von seinem Gewissen geplagter Mönch kurzerhand die Statue an einer ganz gewissen Stelle verstümmelte. Noch heute verbirgt ein bronzener Lendenschurz die Spuren dieser schamvollen – und doch so schamlosen – Tat.

Berninis subtile Rache

Draußen auf dem Vorplatz der Kirche begegnen wir dem berühmten Elefanten-Obelisken von Bernini – mit 5,47 Meter der kleinste der römischen Obelisken. Er stammt ursprünglich aus

So zeigt sich Filippo auf Instagram.

Ägypten, hat rund 2600 Jahre auf dem Buckel und befindet sich heute auf dem Rücken eines steinernen Dickhäuters. Aber dieser Elefant trägt nicht nur einen Obelisken mit sich spazieren, sondern auch ein spannendes Geheimnis – eine kleine, versteckte Boshaftigkeit.

Den Dominikanern kehrt er das Hinterteil zu: Berninis Elefant.

Darf ich vorstellen: Die Hauptakteure eines römischen Kammerspiels rund um Neid und Missgunst! Auf der einen Seite: der gefeierte Künstler Gian Lorenzo Bernini. Und dort, im Gebäude zur linken Seite der Kirche: der Orden der Dominikaner. Im Klostergarten der Mönche, hier direkt neben Santa Maria sopra Minerva, wurde der Obelisk nämlich gefunden. Nur: Wie sollte man ihn am besten der Öffentlichkeit präsentieren?

Dominikanerpater Domenico Paglia machte Papst Alexander VII. einen Designvorschlag. Der Papst ließ den Pater jedoch eiskalt abblitzen und beauftragte stattdessen Bernini damit, ein Monument zu entwerfen. Alles kam gut voran, nur der Streit mit dem eifersüchtigen Dominikanerpater zehrte an Berninis Nerven. Deshalb hatte er eine Idee: Eigentlich sollte der Körper des Elefanten parallel zur Kirchenfront aufgestellt werden – mit dem Rüssel in Richtung der Dominikaner. Doch wegen des Streits mit den Ordensleuten ließ Bernini den Elefanten einfach um 180 Grad drehen.

Und daher ist es noch heute so: Wenn die Dominikanermönche ihr Kloster verlassen, fällt ihr Blick nicht auf den schönen Rüssel, sondern direkt auf das faltige Hinterteil des Elefanten. Ein bisschen Schadenfreude wird mir als Moderator der Wissenssendung »Galileo« hier wohl erlaubt sein. Schließlich haben die Dominikaner in genau diesem Gebäude den Namensgeber der Sendung – Galileo Galilei – im Zuge der Inquisition verurteilt. Und der Elefant demonstriert noch heute, was die Welt davon hält.

Seit 1798 im Dienst der Päpste

Der Palazzo Severoli direkt vis-à-vis der Kirche Santa Maria sopra Minerva beherbergt seit 1706 die Päpstliche Diplomatenakademie. Hier bekommen die Nachwuchsdiplomaten des Heiligen Stuhls den perfekten Schliff verpasst. Und in eben jenem Palazzo befindet sich – in der Via di Santa Chiara 34 – das Geschäft von Gammarelli. Sollten Sie mit der Familie reisen und den Nachwuchs dabeihaben, ist es vielleicht nicht die allerbeste Idee, mit Kind und Kegel in diesen kleinen – und sehr feinen – Laden einzufallen. Man nimmt Ihnen eventuell nicht sofort ab, dass Sie ein zölibatärer Kleriker auf der Suche nach neuer Garderobe sind. Einzeln und mit der gebotenen Zurückhaltung aber sollte man auf jeden Fall einen Blick in dieses erstaunliche Geschäft werfen. Die Wand im Eingangsbereich ist mit den Bildern verschiedener Päpste geschmückt. Schon Pius IX., Johannes XXIII. und Johannes Paul II. ließen sich von Gammarelli hochwertige Kleidung auf den Leib schneidern, genauso wie Hunderte Kardinäle und Bischöfe – und Tausende Priester und Seminaristen aus aller Welt. Gammarelli ist der offizielle Schneider des Papstes. Das heißt: Wenn ein Pontifex stirbt, ist es während des anschließenden Konklaves die Aufgabe der Firma Gammarelli, drei weiße Gewänder für den frisch gewählten Papst zu schneidern. In verschiedenen Ausführungen – klein, mittel, groß. Der Vatikan will ja schließlich gut vorbereitet sein, wenn sich der neue Chef zum ersten Mal der Weltöffentlichkeit zeigt: *Habemus Papam,* eingehüllt in die Stoffe von Gammarelli. Also statten Sie dem Schneider doch mal einen Besuch ab – im Prinzip darf nämlich jede und jeder in diesem Laden einkaufen; man muss sich nicht als Kleriker ausweisen, um etwas erstehen zu können. Aber selbst wenn Sie nicht hineingehen – schon ein Blick in die Auslage hält Erstaunliches bereit. Es gibt zum Beispiel kleine Babysöckchen in Kardinalspur-

Edle Babysöckchen bei Gammarelli ...

... bunte Coolness bei LAVS

pur. Wer weiß, vielleicht wird der Nachwuchs vor dem Schaufenster ja irgendwann mal Kardinal oder Papst … die Wege des Herrn sind unergründlich.

Der junge Wilde unter den Papst-Schneidern

Aber jetzt schnell, wir sind gleich mit Filippo verabredet. Dessen Geschäft LAVS befindet ganz in der Nähe des Vatikans, im Borgo Vittorio 85. LAVS – gesprochen: »Laus« – ist ein Akronym für »Laboratorio Atelier Vesti Sacre«. Ein Werkstattatelier also, das hochwertige Sakralkleidung produziert. Priester, Äbte, Bischöfe und Kardinäle aus aller Welt gehören zur erlesenen Kundschaft. Genauso wie Papst Franziskus und vor allem: Papst emeritus Benedikt XVI. Für ihn hat Filippo mehr als 15 Gewänder kreiert.

»Komm doch rein, Stefan!«, begrüßt mich Filippo an der Tür, »herzlich willkommen! Ich zeige Dir mal, was wir Schönes haben.« Und so betreten wir gemeinsam diesen kleinen Laden, der sehr edel und schlicht ist – gleichzeitig aber auch randvoll mit intensiven Farben. Dort ein leuchtendes Rot, daneben ein sattes Grün mit feiner silberner Borte. Strahlendes Himmelblau hängt neben kräftigem Violett. Und immer wieder: Weiß mit glänzendem Gold. Die liturgischen Gewänder in Filippos Geschäft sind ein echter Blickfang. »Das hier«, sagt Filippo, »ist eine Kopie des Messgewandes, das ich für Papst Franziskus gemacht habe. Er hat es bei seinem allerersten Gottesdienst als neuer Papst getragen. Das war natürlich eine große Ehre für mich.«

Im Gespräch mit Filippo Sorcinelli

Wie bist Du dazu gekommen, liturgische Gewänder zu schneidern? Du hast ja zunächst Orgel studiert am Päpstlichen Institut für Kirchenmusik.

Ja, Kirchenmusik ist meine Leidenschaft. Ich habe früher immer der Orgel gelauscht, als meine Mutter samstags die Kirche geputzt hat. Ich war verliebt in den Klang, die liturgischen Gewänder, den Geruch von Weihrauch und die Schönheit des Ganzen. Als ich damals in Rom studierte, sagte mir ein Freund, dass er bald zum Priester geweiht würde. Also habe ich meine Schwester und meine Tanten angerufen. Die hatten eine kleine Schneiderei in meiner Heimatstadt. Und so habe ich dort vor 20 Jahren das erste liturgische Gewand gefertigt. Und danach eine Mitra für den damaligen Bischof von Pesaro, Angelo Bagnasco. Dem Bischof hat meine Arbeit offenbar so gut gefallen, dass ein kleines Business daraus wurde.

Von einer kleinen Manufaktur zum Schneider der Päpste, Du musst sehr viel richtig gemacht haben. Was ist Dein Geheimnis?

Bei uns ist alles handgefertigt, jedes Gewand ist ein Einzelstück. Bis zu 10 000 Perlen werden auf einer einzigen Robe verarbeitet, das braucht bis zu 150 Stunden. Wir haben bei LAVS mittlerweile sieben Angestellte. Alle sind sehr jung, mit einer Ausbildung vor allem in Kunstgeschichte. Meine Designs orientieren sich an alten geometrischen Formen. Und auch die Anzahl der wertvollen Steine und Perlen nimmt immer Bezug auf symbolische Zahlen aus dem Mittelalter.

Du legst also Wert auf Tradition. Im Gegensatz zum altehrwürdigen Geschäft Gammarelli erscheinst Du allerdings viel mehr als der junge Wilde.

Es gibt einen substanziellen Unterschied zwischen uns. Ich bin kein Schneider im klassischen Sinne, ich bin ein Künstler. Stell Dir vor, wie die Sixtinische Kapelle aussehen würde, wenn es nicht den Wahnsinn eines Michelangelo gegeben hätte. Oder was mit der Kunst passiert wäre ohne den verrückten Caravaggio? Siehst Du? Das waren alles Persönlichkeiten außerhalb der gewöhnlichen Schemata.

Und in eine Schablone willst Du Dich nicht pressen lassen?

Ganz genau. Vielleicht muss man die Kategorien der Kunst – und auch der Künstler – einfach neu fassen und mehr auf das heutige Leben beziehen. Ich führe kein ausschweifendes Leben, mein Leben ist ziemlich normal. Schau mich doch an: Man kann auch ein Christ sein, wenn man ein Tattoo hat und einen Ohrring trägt. Wäre ich allerdings ein Priester, würde ich mich auch entsprechend kleiden. In dieser Beziehung bin ich sehr orthodox. Ich sage immer: Ein Priester ist ein Priester – und ein Künstler ein Künstler! Als Individuum will ich aber das Recht haben, mich frei auszudrücken, ohne Kompromisse.

Du kreierst ja auch Parfums. »Unum« wurde von der »Financial Times« als »Bestes Parfüm auf Weihrauchbasis« ausgezeichnet. Deine neueste Parfüm-Linie heißt »Sex« ...
Nein, nein, Stefan. (Filippo grinst). Der Name spricht sich völlig anders aus. Da steht: X SÉ! Auf Italienisch: Per Sé!

Auf Deutsch also: »An sich«. Das klingt ja ziemlich brav. Aber auf Instagram zeigst Du Dich gerne ohne übermäßig viel Kleidung. Weiß der Vatikan davon?
Ja klar, sie wissen alles. Wie gesagt, ich bin kein Mann der Kirche, ich bin ein verrückter Künstler. Die Kunst muss frei sein: Frei, das Leben zu beschreiben, wie es um mich herum passiert. Aber das Schöne dabei ist, dass wir eine starke Verbindung und einen gegenseitigen Respekt verspüren. Ich habe einen tiefen Respekt für den katholischen Glauben. Und ich habe offene Augen für alles, was mich umgibt.

Du bist mit Deiner ungewöhnlichen Art sehr erfolgreich. Einige Deiner Kreationen haben sogar schon einen Platz im Museum gefunden.
Das stimmt, eine wirklich große Ehre. Ich habe ein Messgewand und eine Mitra für Papst Benedikt gefertigt, die gerade in einer neuen Ausstellung gezeigt werden – zum 70. Jahrestag seiner Priesterweihe. Und es gibt hohen Besuch, Erzbischof Gänswein höchstpersönlich wird kommen und die Ausstellung eröffnen. Hast Du Lust, mich zu begleiten?

Ein unerwartetes Zusammentreffen

Filippo und ich verlassen seinen Laden und gehen ein paar Schritte die Straße hinunter zur Galerie Arte Poli im Borgo Vittorio 88. Da herrscht tatsächlich großer Bahnhof zur Eröffnung der neuen Ausstellung, mit Kameras und Blitzlichtgewitter. Erzbischof Georg Gänswein ist vor Ort – der Privatsekretär von Papst emeritus Benedikt XVI.

Zu sehen sind viele verschiedene Objekte aus Joseph Ratzingers Leben. Unter anderem ein besonders schönes Messgewand, so Georg Gänswein, das der emeritierte Papst noch heute bei Gottesdiensten benutze. Und Filippo sieht ziemlich stolz aus. Denn genau dieses Messgewand hat er höchstpersönlich geschneidert. Ich führe mit Erzbischof Gänswein und Filippo ein kurzes, sehr freundliches Gespräch. Zwei Menschen, die ich – bis zu diesem Augenblick – gedanklich vorher niemals zusammengebracht hätte.

Was haben wir heute gelernt? Dass sich selbst in der katholischen Kirche die Zeiten ändern. Wurde Michelangelos Jesusstatue früher noch voller Scham betrachtet, so ist es heutzutage völlig okay, wenn sich der Papst-Schneider eher unerwartet und recht freizügig zeigt. Also: Gehen Sie einfach mal bei LAVS vorbei. Mit ein bisschen Glück steht Filippo selbst in seinem Laden. Und wenn Sie schon kein Messgewand bei ihm kaufen, dann vielleicht ja sein preisgekröntes Parfum. Es wird Sie auf jeden Fall immer an diesen abgefahrenen Künstler erinnern: den wohl ungewöhnlichsten Papst-Schneider der Geschichte.

Was?

Den Schneidern der Päpste einen Besuch abstatten.

Wo und wann?

Gammarelli

Der bekannteste Papst-Schneider ist Gammarelli, zu finden ganz in der Nähe des Pantheons. Die Traditionsfirma von 1798 ist verantwortlich dafür, den neuen Papst nach dem Konklave einzukleiden.

• Via di Santa Chiara 34

00186 Roma

Tel. +39 06 68 80 13 14

www.gammarelli.com

E-Mail: info@gammarelli.com

Montag–Freitag 9.15–19 Uhr

LAVS Roma

Unkonventioneller kommt Filippo Sorcinelli daher. Er ist der junge Wilde in der Schneiderbranche und hat sowohl für Benedikt XVI. als auch für Papst Franziskus genäht. International gefeiert werden nicht nur seine liturgischen Gewänder, sondern auch die preisgekrönten Parfums auf Weihrauchbasis.

• Borgo Vittorio 85

00193 Roma

Tel. +39 06 68 58 96 86

www.atelierlavs.com

E-Mail: info@atelierlavs.com

Instagram: @filippo_sorcinelli

@atelier_lavs

Montag–Freitag 10–13.30 und

14.30–18, Samstag 10–13 Uhr

UNNÜTZES PARTYWISSEN RUND UM DIE EINZIGE RELIQUIE JESU

Wir haben ja schon von dem Dominikanerpater gehört, der Michelangelos Jesusstatue an einer ganz bestimmten Stelle verstümmelte. Doch Jesu Lendengegend wurde längst nicht immer so schamvoll beurteilt, im Gegenteil: Jesus war ja Jude, der acht Tage nach seiner Geburt beschnitten wurde. Und was bleibt daher auf Erden zurück, wenn der Heiland schließlich mit Leib und Seele in den Himmel auffährt? Ganz genau: ein kreisrundes Stückchen Haut, das *Sanctum Praeputium Domini,* die Heilige Vorhaut des Herrn. Karl der Große soll die Reliquie an Papst Leo III. verschenkt haben, als dieser ihn am Weihnachtsfest 800 in Rom zum Kaiser krönte. Woher Karl das *Sanctum Praeputium* hatte? Ein Engel habe es ihm gegeben, so die fromme Legende. Fest steht, dass in der Kapelle Sancta Sanctorum – der Privatkapelle der Päpste am Lateranpalast in Rom – jahrhundertelang eben jene Top-Reliquie verehrt wurde: das einzige Überbleibsel des Gottessohnes auf Erden. Übrigens: Das Dörfchen Calcata, 45 Kilometer nördlich von Rom, beanspruchte später eben jenes *Praeputium* für sich. Es wurde 1983 aus der Dorfkirche gestohlen.

TIPPS

SOUVENIRS AUS ROM

Wenn Sie unbedingt ein Kolosseum aus Plastik oder einen bemalten Teller nach Hause mitbringen wollen, kann ich Sie nicht daran hindern. Aber es gibt so tolle individuelle Alternativen!

Mercato Monti – das Paradies für alle Vintage-Fans

An jedem Wochenende zwischen September und Juni ist der Mercato Monti vollgepackt mit unabhängigen, kleinen Designern, die ihre handgemachten Waren anbieten: Vom Strampler für Babys über coole T-Shirts, Pullis und Kimonos bis zu Lampen, Sonnenbrillen und einzigartigen Designer-Schmuckstücken ist alles mit dabei. Ein cooler DJ sorgt für eine lässige Shoppingatmosphäre.

- Mercato Monti Urban Market
  Via Leonina 46 (Rione Monti)
  00184 Roma
  www.mercatomonti.com
  Instagram: @mercatomonti
  Samstag und Sonntag 10–20 Uhr

Coglioni di Mulo! Seit 58 Jahren steht Roberto im Laden, den sein Großvater im Jahr 1900 gegründet hat.

Rome is more – Fluchen wie ein echter Römer

Sie können italienische Vokabeln so lange büffeln, wie Sie wollen, doch die Seele der Römer werden Sie erst so richtig begreifen, wenn Sie die (oft recht derben) Slang-Ausdrücke der Einheimischen kennen. Im kleinen Geschäft »Rome is more« gibt's Kaffeetassen, T-Shirts, Schlüsselanhänger und Poster mit typisch römischen Redewendungen, die man nicht im offiziellen Lexikon findet. Wow – me cojoni!

• Via Mastro Giorgio 31

00153 Roma

www.romeismore.it

Instagram: @romeismore

Antica Caciara – Wurst und Käse aus dem siebten Himmel

Apropos *cojoni* ... übersetzt: Hoden. Lassen Sie sich auch beim nächsten Tipp bitte nicht von den Begriffen abschrecken: Coglioni di Mulo (Maultierhoden) und Coglioni di Nonno (ebensolche vom Großvater) sind nur die Namen der Wurstwaren, die in der Antica Caciara in Trastevere verkauft werden. Das kleine familiengeführte Geschäft bietet nicht nur einen unglaublich freundlichen Service, sondern auch Käse- und Wurstwaren, die Sie nirgendwo sonst in Rom finden – natürlich auch vakuumverpackt für die Heimreise.

• Via di San Francesco a Ripa 140 a/B

00153 Roma

www.anticacaciara.it

Instagram:

@anticacaciaratrasteverina

NICHT VERPASSEN

Besuchen Sie unbedingt das Pantheon – das besterhaltene Zeugnis der römischen Antike. Hier befindet sich auch der Sarkophag des Künstlers Raffael mit berührender Grabinschrift. Ganz in der Nähe liegt die Kirche Santa Maria sopra Minerva. Vor dem linken Chorpfeiler steht Michelangelos Meisterwerk, der anatomisch perfekte auferstandene Christus von 1520. Unter dem Altar befindet sich das Grab der hochverehrten Heiligen Katharina von Siena, der Schutzpatronin Italiens und Europas. Sehr sehenswert auf der Piazza vor der Kirche: Roms kleinster Obelisk, getragen von Berninis wunderschönem Elefanten. Dominikanermönche sehen das verständlicherweise etwas anders.

Pantheon

• Piazza della Rotonda

00186 Roma

Geöffnet 9–19.30, Sonntag bis 18, an Feiertagen bis 13 Uhr

Eintritt frei

So britisch kann die Spanische Treppe sein! High Tea im Babington's – wem da nicht das Wasser im Munde zusammenläuft ...

6

Kurioses rund um die Spanische Treppe

Das kleinste Postamt der Welt,
ein magisches Bild und
High Tea mit gebrochenem Herzen

136 Stufen voller Geschichte(n)

Früher war hier nur ein bewachsener, verwilderter Abhang. Doch Papst Innozenz XIII. wünschte sich ein repräsentatives Bauwerk, das zur Kirche Trinità dei Monti führen sollte. Und so gab er 1723 persönlich den Auftrag, die beeindruckende Scalinata di Trinità dei Monti zu errichten, besser bekannt als Spanische Treppe.

Wo genau findet man hier wohl ein verborgenes, wundersames Bild, das nur Eingeweihten seine Schönheit zeigt? Warum hat eine verlassene Braut Tee zur Spanischen Treppe gebracht? Und wo versteckt sich die kleinste Post der Welt? Es sind wirklich erstaunliche Geschichten, von denen selbst viele Einheimische noch nie etwas gehört haben.

Starten wir mit einem kleinen Quiz! Sind Sie bereit? Also los: Rom ist die Hauptstadt wie vieler Staaten? Sie würden sagen: eines einzigen Staats, nämlich Italien? Das ist natürlich korrekt. Und doch nicht die ganze Wahrheit. Denn innerhalb Roms befindet sich ja auch der Vatikanstaat, der gleichzeitig sozusagen auch seine eigene Hauptstadt ist. Außerdem gibt es hier noch das souveräne Völkerrechtssubjekt »Heiliger Stuhl«; ein, wie wir bereits erfahren haben, nichtstaatliches Gebilde, das den Papst zum Beispiel bei den Vereinten Nationen vertritt. Aber das ist noch nicht alles. Denn neben dem Heiligen Stuhl ist in Rom noch ein weiteres Völkerrechtssubjekt ansässig – der Malteserorden. Was nur die wenigsten wissen: Dieser Orden betreibt sogar seine eigene Post, mit der jeder von uns Briefe verschicken kann. Und zwar vom wohl kleinsten Postamt der Welt aus. Es besteht … aus einem einzigen Schreibtisch!

Die Rückseite des Palazzo di Malta

Aber von vorne: Wir beginnen in der Via Condotti. Dieser Name bringt die Augen aller *fashion victims* sofort zum Leuchten. Zumindest all derer, die genug Kleingeld auf dem Konto haben: Gucci, Prada, Bulgari … Luxusshops reihen sich hier an Edelboutiquen. Und keine Frage: An der Via Condotti geben manche Menschen so viel Geld für eine Handtasche aus wie andere für einen Mittelklassewagen.

Aber zum Shoppen sind wir nicht hergekommen. Ich möchte Ihnen das Hauptquartier des Malteserordens zeigen, genauer: des Souveränen Ritter- und Hospitalordens vom Heiligen Johannes von Jerusalem von Rhodos und von Malta. Er wurde im 11. Jahrhundert in Jerusalem gegründet und 1113 päpstlich anerkannt. Regierungssitz des souveränen Völkerrechtssubjekts ist der Palazzo di Malta in der Via Condotti 68. Doch wohl nur die wenigsten Touristen oder Luxusshopper ahnen, was sich in diesem Gebäude wirklich verbirgt. Denn von der Via Condotti aus sieht man vom Hauptsitz der Malteser leider nur recht wenig: zwei Flaggen an der Hauswand und, sollte das Tor geöffnet sein, einen kleinen, sehr repräsentativen Innenhof. Ansonsten ist für alle normalen Besucher hier Schluss. Doch auf der Rückseite des Gebäudes, an der Via delle Carrozze 79, gibt es einen weiteren Eingang. Hier befindet sich eine von den Maltesern betriebene Tagesklinik. Und im zweiten Stockwerk: die vermutlich kleinste und versteckteste Poststation der Welt.

Das kleinste Postamt der Welt verschickt in 58 Länder

Fausto Rossi heißt mich gut gelaunt willkommen. Er ist hier der Schalterbeamte. Sozusagen. Denn das gesamte Postamt besteht einzig und allein aus Faustos Schreibtisch. Und es wird sogar noch skurriler. Denn dieses sehr überschaubare »Schreibtisch-Postamt« in Rom ist tatsächlich auch die einzige Außenstelle der Malteser Post. Es gibt keine weiteren Filialen. Und der einzige Briefkasten der gesamten Malteser Post – der Poste Magistrali – ist knallrot und befindet sich nur wenige Schritte von Faustos Schreibtisch entfernt. »Also, von hier aus kann man Briefe oder Postkarten in 58 Länder verschicken«, erklärt Fausto. »Nach Italien natürlich und in einige andere europäische Länder. Außerdem in viele afrikanische Staaten, zum Beispiel Burkina Faso, Tschad oder Kamerun. Auch nach Argentinien, Kuba, Weißrussland oder in die Mongolei. Sogar auf die Seychellen. Aber ich muss Dich enttäuschen, Stefan, nach Deutschland geht es leider nicht. Doch falls Du Freunde in Österreich hast … das wiederum funktioniert«, sagt er stolz.

Faustos Schreibtisch, das ist das gesamte Postamt des Malteserordens.

Und so schreibe ich eine Postkarte an Fabian, einen guten Freund in Wien, der die Karte schon drei Tage später in

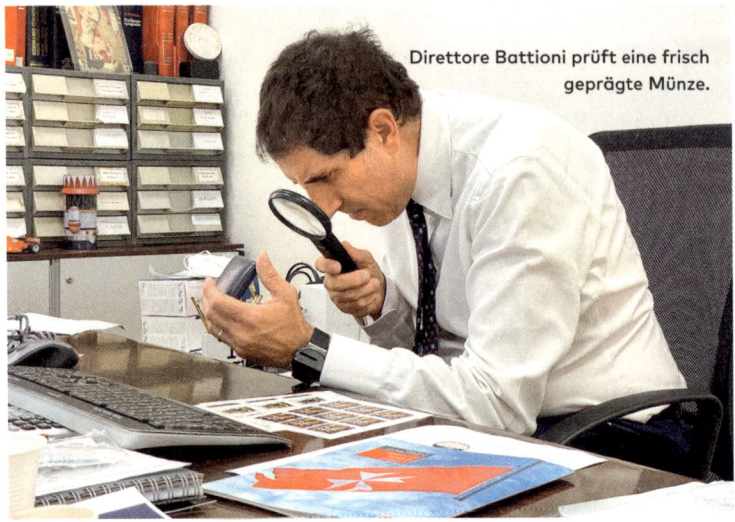

Direttore Battioni prüft eine frisch
geprägte Münze.

der Hand halten wird – ziemlich überrascht. Nicht nur von der Karte selbst, sondern auch davon, dass es so etwas wie eine Malteser Post überhaupt gibt. Und auch die meisten Römerinnen und Römer – so das Ergebnis meiner kleinen Privatumfrage – haben vom weltweit kleinsten Postamt in ihrer Stadt noch nie etwas gehört.

»Warum kann man von hier aus eigentlich nur in 58 Länder versenden?«, frage ich Fausto interessiert. »Warte kurz, ich schaue, ob Herr Battioni in seinem Büro ist, er ist der Direktor der Poste Magistrali und kann Dir alle Fragen beantworten.« Und so darf ich kurze Zeit später am Büro des Postchefs klopfen. Ich treffe auf Giorgio Battioni, der gerade dabei ist, mit einer großen Lupe eine Münze zu untersuchen – wie ein moderner Sherlock Holmes.

Im Gespräch mit Direktor Giorgio Battioni

Hallo Herr Battioni, vielen Dank, dass ich kurz stören darf. Nach was genau suchen Sie da eigentlich?

Hereinspaziert, *buongiorno*. Wir haben hier bei der Poste Magistrali ja nicht nur einen Postdienst und bringen Briefmarken heraus, sondern auch Münzserien. Und da arbeiten wir aktuell an einer neuen Ausgabe. Gerade ist eine neue Münze vom Designer gekommen, und die muss ich sehr, sehr genau prüfen. Die Sammler haben wirklich Adleraugen (er lacht). Und wenn da auch nur eine Kleinigkeit nicht stimmt – den

Sammlern fällt das garantiert auf. Jede Münze und jede Briefmarke muss absolut perfekt sein!

Was genau ist die Aufgabe der Poste Magistrali, wie viele Menschen arbeiten hier?

Wir sind insgesamt zu acht. Als souveränes Völkerrechtssubjekt haben wir das Recht, Post zu befördern und unsere eigenen Briefmarken herauszugeben. Und das nutzen wir seit 1966, um so auch Geld für unsere Arbeit zu generieren. Wir Malteser sind ja weltweit aktiv, in insgesamt 120 Ländern, und helfen Menschen in Not durch unsere medizinische, soziale und humanitäre Arbeit. In Deutschland kennt man ja auch den Malteser Hilfsdienst, mit rund 50000 ehrenamtlichen und 35000 hauptamtlichen Mitarbeitern, die wirklich sehr gute und wichtige Arbeit leisten.

Das heißt also konkret: Wenn ich hier eine Postkarte abschicke oder als Sammler Briefmarken oder Münzen kaufe, dann unterstütze ich direkt die Arbeit der Malteser?

Ganz genau. Deshalb wollen wir die Poste Magistrali ja auch immer bekannter machen. Vielleicht irgendwann genauso bekannt wie das berühmte Schlüsselloch auf dem Aventin-Hügel, durch das man den Petersdom sehen kann. Wenn man da durchschaut, dann guckt man quasi direkt durch unseren Garten hindurch, denn dort auf dem Aventin steht die Magistralvilla des Malteser Ordens. Das Gebiet ist exterritorial und hat also den Status eines Botschaftsgeländes. Genau wie übrigens auch dieser Palast, in dem wir uns gerade befinden. Hier ist der Sitz des Großmeisters untergebracht und auch die Regierung.

Warum kann ich Briefe mit der Poste Magistrali eigentlich nur in ganz spezielle Länder versenden und nicht überall hin?

Wir sind nicht Mitglied der weltweiten Postunion, also der UN-Organisation, die das Postwesen zwischen den Staaten regelt, sondern haben nur bilaterale Übereinkünfte mit gewissen Ländern. Deutschland gehört leider noch nicht dazu. Aber wir versuchen, die Postabkommen mit den Staaten immer weiter auszubauen.

Wo kann ich meine Postkarte mit der Malteser-Briefmarke einwerfen? Nur hier bei Fausto?

Ja, die Wertmarken gelten nur für unsere Post, da hinten ist unser einziger Briefkasten. Die Marken des Vatikans zum Beispiel gelten ja auch nur für die Vatikanische

Post – die kann man nicht einfach in einen italienischen Briefkasten einwerfen und einen Transport erwarten. Aber natürlich: Für die Beförderung der Sendungen nutzen wir das Netz der italienischen Post, mit der wir dazu ein Abkommen haben. Um ehrlich zu sein: Bislang sind es nicht allzu viele Sendungen pro Woche, deshalb freuen wir uns natürlich immer über neue Kunden!

Also, schreiben Sie doch einfach mal eine Postkarte – aus dem wohl kleinsten Postamt der Welt. Damit unterstützen Sie die wertvolle Arbeit der Malteser. Und außerdem ist es ja immer wichtig, mit Menschen in Kontakt zu bleiben. Sehr wichtig sogar, damit man weiß, was in den Köpfen der anderen so vor sich geht.

Verliebt, verlobt, verlassen

Ach, hätte die liebe Isabel das doch auch beherzigt. Hätte sie nur rechtzeitig in den Kopf ihres Verlobten geblickt, die Arme!

Wir machen eine kurze Gedankenreise nach England, rund 130 Jahre zurück. Und da steht sie nun, Isabel – endlich, endlich – vor dem Traualtar. Alle Freunde, Verwandten und Nachbarn sind der Hochzeitseinladung gefolgt. Denn Isabel Cargill aus Derbyshire kommt heute unter die Haube, wurde aber auch Zeit. Für ein junges Mädchen im viktorianischen England der 1890er-Jahre war es nicht besonders schicklich, lange unverheiratet zu sein, was sollen denn die Leute denken! Und da steht sie nun also: lächelnd und strahlend, wunderschön im weißen Kleid mit Blumen in der Hand vor dem Altar, während ihr Liebster auf sie zukommt, den Schleier lüftet und sie küsst, der glücklichste Tag ihres Lebens …

Für ein junges Mädchen im viktorianischen England der 1890er-Jahre war es nicht besonders schicklich, lange unverheiratet zu sein.

Ja, so ähnlich muss sich Isabel ihre Hochzeit wohl vorgestellt haben – in ihrer rosaroten Fantasie. Doch die Realität kann manchmal hart sein – und ziemlich gemein. Lassen Sie uns Mäuschen spielen, hier im Wohnzimmer der Cargills, nur wenige Stunden vor der Hochzeit. Isabel ist aufgeregt, natürlich, vor so einem großen Moment. Nervös geht sie im Zimmer auf und ab: Wie die gemeinsame Zukunft mit ihrem Liebsten wohl aussehen wird? Ein ganzes Jahr lang hat er ihr den Hof gemacht und ihr immer wieder die Liebe geschworen.

Ach, seufzend und voller Sehnsucht blickt Isabel aus dem Fenster … doch plötzlich stutzt sie: Ist das da hinten nicht etwa ihr Bräutigam? Aber was macht er hier um diese Zeit? Sie wollten sich doch erst wieder in der Kirche sehen, wenn er ihren Schleier lüftet. Und warum geht er so schnell – und schaut so grimmig drein? Was hat das alles zu bedeuten? Sie öffnet ihm die Tür. Nur wenige Stunden vor der Hochzeit – was möchte eine Braut von ihrem Verlobten da wohl hören? Nur süße Liebesschwüre, nichts anderes! Doch stattdessen sagt er: »Isabel, ich liebe dich nicht. Du bist nicht die Frau meines Lebens – und ich will dich nicht heiraten.« Boom!

Flucht über die Alpen

Isabel wird es heiß und kalt. Sie spürt schon jetzt die mitleidigen Blicke der anderen. Das Flüstern und das Tuscheln auf den Straßen. »Oh my God, what a shame, the poor girl!« Und was, wenn sie ihm später einmal in der Stadt begegnen würde? Vielleicht sogar mit einer neuen Frau in seinem Arm. *God forbid.*

Isabel weiß sofort: Ich muss hier weg! Nur wohin? Im August 1893 beschließt sie, zusammen mit ihrer besten Freundin Anna Maria Babington auszuwandern. Diese Freundin ist recht vermögend und alt genug, um als Anstandsdame durchzugehen. Zusammen hatten die beiden Frauen bereits Italien bereist – denn die Grand Tour durch Europa war nicht nur bei jungen britischen Gentlemen beliebt, sondern auch bei kulturinteressierten Damen.

Italien also! »Liebes, da hat es uns doch so gut gefallen«, sagt Isabel, »und vor allem kennt mich dort niemand.« Und so packen zwei englische Fräulein ihre Koffer. Sie fliehen vor den Nachbarn und den Konventionen. Ab auf den Kontinent, über die Alpen hinweg, und hinein in das Italien der 1890er-Jahre. Rom ist das Ziel, der Sehnsuchtsort für ein neues Leben. Nur: Was machen zwei ledige englische Damen bloß in dieser neuen Stadt? Nun ja, sie machen genau das, wofür die Briten noch heute weltweit gefeiert werden: Tee!

Gleich links am Fuß der Spanischen Treppe: Babington's Tea Rooms

Er hat das Gen für perfekten Tee von seiner Urgroßmutter geerbt: Rory Bruce.

High Tea an der Piazza di Spagna

Babington's Tea Rooms befinden sich nur wenige Schritte von der Malteser Post entfernt, links unten an den Stufen der weltberühmten Spanischen Treppe. Rory Bruce – was für ein cooler Name! – erwartet mich schon. Isabel war seine Urgroßmutter. »Gott sei Dank hat sie später doch noch einen Mann gefunden«, lacht er, »sonst gäbe es mich wohl nicht. Herzlich willkommen im Babington's, Stefan!« Und so gehen wir hinein in diese kleine Zeitkapsel, hinein ins legendäre viktorianische Zeitalter: feinste Glas- und Silberkännchen, schwere Vorhänge, gestärkte Servietten, glänzende Etageren mit ofenwarmen Scones und köstlichen Gurkensandwiches, und an den Wänden die goldumrandeten Porträts der beiden Gründerinnen Anna Maria Babington und Isabel Cargill. »Diesen Tea Room leite ich heute zusammen mit meiner Cousine Chiara«, sagt Rory. »Das Geschäft ist also immer in der Familie geblieben, wir sind bereits die vierte Generation!«

Im Gespräch mit Rory Bruce

Also die Geschichte von einer Braut, die nur wenige Stunden vor ihrer Hochzeit verlassen wird, ist ja schon fast zu absurd, um wahr zu sein.

Aber meiner Urgroßmutter ist es tatsächlich genau so passiert. Es muss für sie eine enorme Belastung gewesen sein. Und deshalb denke ich, dass sie in gewisser Weise geflohen ist. Zunächst haben die beiden Frauen einen kleinen Tea Room ganz in der

Nähe eröffnet, aber relativ schnell kamen sie dann hierher an die Spanische Treppe. Übrigens, was viele gar nicht wissen: Die Spanische Treppe heißt so, weil es hier am Platz die Spanische Botschaft beim Heiligen Stuhl gibt. Aber früher hieß dieser Ort anders: Piazza degli Inglesi ...

... also: Platz der Engländer. Warum das denn?

Ganz einfach, hier war eine kleine britische Enklave innerhalb Roms. Da gab es zum Beispiel den Engländer, der die Kutschen reparierte, eine englische Apotheke, viele verschiedene britische Geschäfte. Und genau gegenüber, auf der anderen Seite der Treppe, wohnten früher die berühmten britischen Schriftsteller Keats und Shelley – es war eine kleine englische Welt mitten in Rom.

Und plötzlich kamen zwei neue Damen, die einen Tea Room eröffneten. Wie lief denn das Geschäft?

Unglaublich gut. Es war schnell ein großer Erfolg. Im Babington's traf sich die englische Community. Frauen konnten hier auch alleine sitzen, also ohne männliche Begleitung, sie konnten Tee trinken und Zeitung lesen. Ein britischer Journalist schrieb sogar:»Endlich ein Ort, an dem die Damen auch eine Toilette benutzen können!« Das war damals offenbar sehr ungewöhnlich.

Der Tea Room hat zwei Weltkriege überlebt. Das muss extrem schwierig gewesen sein.

Oh ja. Aber wir hatten nie geschlossen – nur einen einzigen Tag während des Zweiten Weltkrieges, als die Alliierten nach Italien kamen. Meine Familie konnte während des Krieges nicht in Rom sein, und so wurde das Geschäft quasi von den Angestellten alleine weitergeführt. Die haben sogar ihre eigenen Essensmarken eingelöst, um den Laden am Laufen zu halten. Dieser Ort hat auch eine spannende Geschichte, was die Gäste betrifft. Während des Krieges haben sich hier die Faschisten getroffen, im vorderen Raum. Stell Dir vor: italienische Faschisten ausgerechnet in einem so »unitalienischen« Laden wie einem Tea Room, das war schon sehr ungewöhnlich. Aber es wird noch verrückter. Denn im hinteren Raum trafen sich gleichzeitig die Antifaschisten. Nur abgetrennt durch eine Gardine ...

... das muss für die extrem gefährlich gewesen sein!

Ja, aber sie haben immer heimlich den Kücheneingang genutzt. Das passiert übrigens auch heute noch manchmal. Wir hatten kürzlich einen Mann hier, der mit seiner

Geliebten zum Tee da war. Und plötzlich kam die Ehefrau des Mannes rein. Da ist es immer gut, einen zweiten Ausgang zu haben (er lacht).

Ich habe Euer Gästebuch gesehen: Da stehen schon sehr beeindrucken-de Namen drin.
In den 1950er- und 60er-Jahren gab es hier in Italien große Kinoproduktionen. Internationale Filmstars kamen nach Rom, und auch hierher ins Babington's. Elizabeth Tailor, Richard Burton, Audrey Hepburn, Ingrid Bergman ... sie alle waren hier. Auch heute kommen noch viele Stars zu uns, aber da nenne ich keine Namen. Unsere Gäste schätzen unsere Verschwiegenheit, und sie sollen sich schließlich wie zu Hause fühlen.

Wir haben hier gerade einen High Tea vor uns, mit traditionellen Sand-wiches und Scones – die schmecken wirklich unglaublich gut.
Kein Wunder, wir nutzen ja immer noch das Originalrezept meiner Urgroßmutter. Übrigens heißt es, Queen Victoria höchstpersönlich hätte den High Tea erfunden. Weil ihr die Zeit zwischen Mittag- und Abendessen viel zu lang war. Da bekam sie immer Hunger am Nachmittag. Und anstatt nur einen Tee zu trinken, gab es auch süße und pikante Kleinigkeiten.

Die perfekte Zeit für einen High Tea, so verrät mir Rory weiter, sei übrigens gegen 17 Uhr. Und wie es sich für einen originalen Tea Room gehört, hat das Babington's eine enorme Auswahl verschiedenster Teesorten aus aller Welt, natürlich in Bio-qualität und handverlesen. Für die ersten Teemischungen brachte man übrigens eigens Flaschen, die mit römischem Wasser gefüllt waren, nach Großbritannien, um dort den perfekten Blend zu kreieren ... well, yes – die britische Teetradition verpflichtet halt. Und sollten Sie in der Weihnachtszeit in Rom sein: Besuchen Sie das Babington's unbedingt. Denn dann gehen Kinder von Tisch zu Tisch und sin-gen Christmas Carols, die traditionellen britischen Weihnachtslieder. Und junge Damen in viktorianischen Kleidern servieren den Tee. Mehr England außerhalb Englands geht nun wirklich nicht!

Wie Sie sich sicher vorstellen können: Ein Besuch im Babington's ist nicht gerade ein Schnäppchen. Aber falls es Sie – nach all der römischen Pizza und Pasta – nach einem originalen High Tea gelüstet: *Go for it!* Und denken Sie dabei an die arme, verlassene Isabel vor 130 Jahren, der wir all das hier zu verdanken haben. Denn stimmt es nicht tatsächlich? In jeder vermeintlichen Katastrophe steckt auch die

Chance auf einen Neuanfang! Und wenn der so gut schmeckt wie in diesem Tea Room – umso besser!

Und was ist mit Kaffee?

Sie bevorzugen Kaffee statt Tee? Auch da hat die Gegend rund um die Spanische Treppe sehr viel Traditionelles zu bieten. In der Via Condotti 86 befindet sich das Antico Caffè Greco, eines der letzten großen Künstlercafés der Ewigen Stadt. 1760 wurde es von Nicola della Maddalena gegründet, einem Mann griechischer Abstammung – was den Namen Greco erklärt.

Und das Café lockte höchst illustre Gäste aus aller Welt an. Der wohl bekannteste Besucher: Johann Wolfgang

Internationale Topstars – wie Liam Neeson – haben sich im Gästebuch verewigt.

von Goethe. Der deutsche Dichterfürst arbeitete hier an seiner »Iphigenie auf Tauris«. Frauenheld Casanova war ebenfalls zu Gast, genau wie der dänische Dichter Hans Christian Andersen, der Schöpfer des »Hässlichen Entleins« und vieler anderer bezaubernder Märchen. Der Psychoanalytiker Sigmund Freud, die Komponisten Richard Wagner und Franz Liszt, Bayerns König Ludwig I. – sie alle kamen auf einen *caffè* und ein Tramezzino vorbei. Genauso wie viele berühmte Maler – was übrigens dazu führte, dass die Wände des Cafés mit zahlreichen wertvollen Kunstwerken geschmückt sind. Wegen des Interieurs und der besonderen Geschichte wurde das Caffè Greco zum »Monument von historischem und nationalem Interesse« erklärt.

Eine hohe Auszeichnung, die sich natürlich auch bei den Preisen bemerkbar macht. Sechs Euro für einen Espresso am Marmortischchen sind ziemlich gepfeffert, aber dafür wird das schwarze Gold auch formvollendet von livrierten Herren serviert – und man sitzt inmitten einer der größten öffentlich zugänglichen privaten Kunstsammlungen. Goethe zumindest hätte Ihnen wohl dazu geraten, in »sein« Caffè Greco zu gehen und natürlich auch – ganz generell – Rom zu besuchen. Denn er war sich sicher: »Die beste Bildung findet ein gescheiter Mensch auf Reisen.«

Hochwasser und strenge Regeln

Und wo wir gerade beim Thema Bildung sind: Wissen Sie, was ein »Astrolabium« ist? Oder was man unter »Anamorphosen« versteht? Nie gehört? Mir ging's genauso. Also los, lassen Sie uns Bildungslücken schließen! Und zwar im Konvent bei Trinità dei Monti, der weltberühmten Kirche genau oberhalb der Spanischen Treppe. Übrigens, so wie der gesamte historische Stadtkern Roms gehört auch die Treppe seit 1980 zum UNESCO-Weltkulturerbe.

Aber bevor wir hinaufsteigen, gehen wir zunächst über die Piazza di Spagna, vorbei an der sprudelnden Fontana della Barcaccia, dem barocken Barkassen-Brunnen. Er wurde 1629 von Pietro Bernini gebaut, dem Vater von Gian Lorenzo Bernini. Aber warum eigentlich ein Brunnen in der Form eines Bootes, ausgerechnet hier, rund 800 Meter vom Tiber entfernt? Ganz einfach. 1598 gab es in Rom ein verheerendes Hochwasser (das auch das Haus des Heiligen Ignatius zerstörte, siehe S. 174), und ein Boot soll vom übergelaufenen Tiber bis hierher gespült worden sein.

Falls Sie in diesem Augenblick übrigens laute Ermahnungen hören oder scharfe Pfiffe aus Trillerpfeifen – das liegt an der unerwarteten Strenge, die auf der Spanischen Treppe herrscht: Essen – verboten! Trinken – auf gar keinen Fall! Rufen oder singen – untersagt! Aber wenigstens ein bisschen hinsetzen und auf den Stufen ausruhen? *Decisamente no!* Es drohen Strafen von bis zu 400 Euro. Na gut, gehen wir also einfach nur brav die 136 Treppenstufen hinauf. Denn oben erwartet uns nicht nur ein fantastischer Blick über Rom, sondern auch ein sehr netter Mensch: Rafael Starnitzky.

Brunnen, Platz, Treppe, Kirche – alles UNESCO-Weltkulturerbe

Rätselhafte Anamorphosen

»Hi Stefan, dann lass uns mal zu den Anamorphosen gehen. Die sind wirklich sehenswert«, begrüßt mich Rafael, »wenn man weiß, wie genau man sie anschauen muss«, fügt er lächelnd hinzu. Wie man sie anschauen muss? Das klingt einigermaßen verwirrend und geheimnisvoll. Aber wir werden gleich verstehen, was Rafael damit meint – es ist eine wirklich faszinierende Geschichte!

Viele Linien, Felsen, Schiffe, eine Stadt ... was ist auf dem Bild sonst noch zu sehen?

Rafael ist ein deutscher Priester, der schon seit einigen Jahren hier im französischsprachigen Konvent bei der Kirche Trinità dei Monti wohnt. Dieses Haus hat eine sehr lange Geschichte, erzählt er. Es wird bereits im 4. Jahrhundert erwähnt, als eine römische Adelige ihre Familienvilla in ein Frauenkloster umwandelte. Das Kloster bestand dann bis ins 6. Jahrhundert, dann wurde es von den einfallenden Goten zerstört. Im 15. Jahrhundert aber kam der Heilige Franz von Paola hierher, der Gründer des Paulanerordens. Er war auf der Durchreise nach Frankreich, und der Legende nach prophezeite er, dass genau auf diesem Hügel – der damals vollkommen verlassen war – später mal ein Paulanerkloster entstehen wird. »Die Paulaner kennt man ja auch in Deutschland ganz gut«, grinst Rafael, »das berühmte Paulanerbier aus München hat seinen Namen vom Heiligen Franz von Paola.«

Hätten Sie's gewusst? Ein italienischer Heiliger war Namensgeber für ein bekanntes bayrisches Bier? Die beste Bildung findet ein gescheiter Mensch auf Reisen, ganz ohne Zweifel!

Der Heilige Franz von Paola kam später an den französischen Königshof und wurde dort Beichtvater und Berater. Und in der Tat, seine Prophezeiung ging in Erfüllung: Im Jahr 1494 stiftete der französische König Karl VIII. genau an diesem Ort ein Paulanerkloster.

Rafael und ich gehen einige Treppenstufen hinauf, bis wir in einem langen Flur stehen. Und ich sehe sofort, dass dies kein gewöhnlicher Korridor ist, im Gegenteil. Eine Wand ist nämlich vollständig mit seltsamen braunen, grauen und schwarzen Streifen bemalt. »Voilà!«, sagt Rafael, »die Anamorphose des Heiligen Franz von Paola!« Kurzes Stirnrunzeln meinerseits. Dann versuche ich, kreativ an die Sache

Es kommt auf den richtigen Blickwinkel an: Das Gemälde zeigt den Heiligen Franz von Paola.

ranzugehen: Ich bemühe mich, in diesen geschwungenen Streifen irgendetwas anderes zu erkennen als eine Landschaft. Im unteren Bereich des Wandbildes sehe ich einen See, auf dem ein kleines Schiff segelt. Darüber: Berge mit Straßen, die sich in Serpentinen nach oben schlängeln. Aber wo, bitteschön, soll sich hier ein Heiliger verstecken?

»Das Wort Anamorphose ist griechischen Ursprungs und bedeutet Umformung. Dieses Bild formt sich also um, je nachdem, welchen Blickwinkel Du einnimmst«, erklärt mir Rafael. Ich hoffe wirklich sehr, dass Sie zu Hause diesen Ort bald selbst besuchen können. Denn dann werden Sie sich – genau wie ich in diesem Augenblick – auf die Suche nach der richtigen Perspektive machen. Von wo aus ergibt dieses Kunstwerk wohl einen Sinn? Von wem wurde es überhaupt geschaffen? Und zu welchem Zweck?

Des Rätsels Lösung ist nur ein paar Schritte entfernt

»Der französische Pater Emmanuel Maignan hat 16 Jahre lang in diesem Haus gelebt. Er war Theologe, hat aber auch mathematische und physikalische Experimente durchgeführt. Und er hat sich wissenschaftlich mit perspektivischen Darstellungen beschäftigt. 1642 malte er dann dieses gigantische Fresko, es ist das größte anamorphotische Kunstwerk der Welt«, erklärt mir Rafael, während ich mich langsam durch den Korridor bewege und dabei auf die Wand schaue. Und tatsächlich, vor meinen Augen findet eine erstaunliche Anamorphose – eine Umformung – statt. Fast schon magisch verwandeln sich die hellen und dunklen Gebirgshänge des Landschaftsbildes und nehmen die Form eines Körpers an, der allerdings noch immer recht verzerrt wirkt. Doch je weiter ich gehe, desto mehr fügen sich diese scheinbar zufälligen Linien zu einem großen Ganzen zusammen. Plötzlich ergibt alles einen Sinn! Was gerade noch ein Berg war, entwickelt sich immer mehr zu einem Vollbart. Die langen, geschwungenen Serpentinenwege verändern sich langsam zu einer Hand. Und aus dem, was eben noch wie ein Wolke aussah, entsteht plötzlich das Gesicht des Heiligen Franz von Paola. Je mehr ich mich seitlich auf die Wand zubewege, desto perfekter wird das Bild. Und schließlich ist er komplett zu sehen: der Gründer des Paulanerordens, mit gefalteten Händen und Heiligenschein – den Blick gen Himmel gerichtet, unter einem Olivenbaum. Was für ein faszinierender und ziemlich wundersamer Moment.

Auch sehr kurios: das Astrolabium

Doch der Konvent von Trinità dei Monti hat noch mehr atemberaubende Wandmalereien zu bieten. Es gibt eine weitere Anamorphose. Sie war jahrhundertelang unter Putz verschollen und zeigt nun – aus dem richtigen Blickwinkel – den Evangelisten Johannes beim Verfassen der Apokalypse.

»Und auch das hier«, fährt Rafael fort, »ist wirklich einzigartig«, während er auf ein Fensterbrett zugeht und dort eine kleine Holzklappe entfernt. »Das ist unsere ganz besondere Sonnenuhr. Sie ist deshalb so besonders, weil sie nicht mit Schatten arbeitet, so wie die allermeisten Sonnenuhren, sondern – im Gegenteil – mit Licht.«

Ist die Klappe geöffnet, fällt das Sonnenlicht auf einen runden Spiegel im Fensterbrett.

Ich staune, diese riesenhafte Sonnenuhr ist wirklich bemerkenswert! Sie erstreckt sich über den gesamten Korridor und besteht aus unzähligen aufgemalten Linien und Bögen, die alle unterschiedlich gekrümmt sind. Feine, farbige Striche, die stellenweise parallel verlaufen, sich aber auch mit anderen Linien kreuzen – in spitzen und stumpfen Winkeln: ein verwirrendes Gitternetz. Ich kann Zahlen und Symbole erkennen, aber auch einzelne Wörter lesen: Gibraltar, Maroco, Lisbona, Alexandria, Costatinopolis.

»Ich hatte ja eben schon erwähnt, dass es bei dieser Sonnenuhr nicht um Schatten geht, sondern ums Licht«, sagt Rafael, während er auf eine ganz bestimmte Stelle deutet. Und – verrückt – erst jetzt sehe ich es auch: Auf der Wand befindet sich ein einzelner strahlender Lichtpunkt. Er muss genau in jenem Moment entstanden sein, als Rafael das Holzbrett wegnahm und dadurch ein wenig Sonne hineinließ. Ein kleiner, kreisrunder Spiegel im Fensterbrett reflektiert nun diese Sonnenstrahlen und lenkt sie punktgenau auf eine ganz spezifische Stelle – hier, in diesem versteckten Korridor, der nichts Geringeres ist als ein gigantisches Koordinatensystem. Was für eine faszinierende Erfindung!

Die Reflexion im Spiegel erzeugt einen Lichtpunkt im Liniengewirr des Astrolabiums und zeigt dort die genaue Zeit an: eine Sonnenuhr der ganz besonderen Art.

»Das ist unser Astrolabium aus dem Jahr 1644«, erklärt mir Rafael. »Anhand der verschiedenen Linien kann man die exakte Zeit in Rom berechnen. Und ausgehend von der römischen Zeit dann auch die exakte Zeit in der ganzen Welt.«

Im Gespräch mit Rafael Starnitzky

Ein unglaublich komplexes System. Wer hat das alles denn berechnet?

Das war auch Pater Maignan. Diese Sonnenuhr ist Teil der wissenschaftlich-philoso-phischen Experimente, die die Paulaner in jener Zeit durchgeführt haben. Die Ana-morphosen, die wir eben gesehen haben, befassen sich ja mit der Wahrnehmung von Raum. Und hier, beim Astrolabium, geht es um die Wahrnehmung von Zeit. Diese Sonnenuhr beweist, dass Zeit keine rein subjektive Wahrnehmung ist, sondern eine objektive. Dass Zeit auf der ganzen Welt gleich funktioniert und eine Konstante ist.

Pater Maignan war ja Priester und Theologe, warum hat er sich über-haupt mit wissenschaftlichen Experimenten beschäftigt?

Das Motto der Paulaner ist »Caritas«, – die Liebe Gottes, die alles vereint. Es war den Paulanern schon immer wichtig zu zeigen, dass es eine Einheit von Theologie, Philoso-phie und Wissenschaft gibt – im Zusammenspiel mit tätiger Nächstenliebe. Du musst wissen, die Paulaner haben in der Krankenpflege gearbeitet, sie hatten Heilkräuter im Garten und stellten Medizin her; hier im Konvent gab es sogar eine Apotheke.

Es waren also keine rein vergeistigten Wissenschaftler am Werk?

Ganz im Gegenteil. Der Grundgedanke ist, dass Wissenschaft und Glaube nicht im Gegensatz zueinander stehen, sondern gemeinsam zur Erkenntnis der Wahrheit führen, was sich dann auch in praktischer Nächstenliebe ausdrückt. Dieses Astro-labium hatte für die Paulaner aber noch ein weiteres zusammenführendes Moment: Sie waren ja über ganz Europa verteilt, und hier, an dieser Sonnenuhr, kamen die verschiedenen Orte symbolisch wieder zusammen.

Zeigt die Uhr eigentlich die korrekte Zeit an?

Oh ja, dazu hat es bereits zahlreiche Untersuchungen gegeben. Sogar Wissenschaft-ler der NASA waren schon hier. Und sie haben bestätigt: Das Astrolabium funktio-niert perfekt. In der Sommerzeit hinkt es natürlich eine Stunde hinterher, aber trotz-dem ist es einhundertprozentig exakt.

Reisen bildet!

Erstaunlich, oder? Was sich hier so alles verbirgt, rund um die Spanische Treppe! Die allermeisten Besucher kommen nur vorbei, um schnell ein Selfie zu machen. Doch Sie zu Hause wissen ja jetzt, dass es noch so viel mehr zu entdecken gibt: Besuchen Sie Fausto an seinem Schreibtisch und verschicken Sie eine Karte für den guten Zweck aus dem wohl kleinsten Postamt der Welt. Trinken Sie einen Tee bei Rory. Er wird Ihnen die Lebensweisheit seiner Urgroßmutter mit auf den Weg geben: dass es sich lohnt, aus einer tiefen Krise mutig in die Zukunft zu blicken. Und ja, manchmal – so wird es Ihnen Rafael erzählen – braucht es einfach nur den richtigen Blickwinkel, um die wahre Schönheit einer Sache zu erkennen.

Das kleinste Postamt der Welt

Neben Briefmarken und Postkarten können in der Poststelle des Malteserordens auch Sammlermünzen in Scudi (Einzahl: Scudo) erworben werden, der offiziellen Währung des Souveränen Malteserordens. In naher Zukunft soll es noch eine Außenstelle der Poste Magistrali auf dem Aventin-Hügel geben – dort, wo die Magistralvilla des Ordens steht, an der auch das weltberühmte Schlüsselloch ist, durch das man die Kuppel des Petersdoms sehen kann.

Wo?

Poste Magistrali
• Via delle Carrozze 79 | 00187 Roma
Tel. +39 06 67581 211
www.orderofmalta.int/de/
associate-countries
E-Mail: postemagistrali@orderofmalta.int

Magistralvilla
• Piazza dei Cavalieri di Malta 3
00153 Roma

Wann?

• Montag und Mittwoch 8.30–13.30, 14–16,
Dienstag, Donnerstag, Freitag
8.30–13.30 Uhr

Erstklassiger Tee oder Kaffee in der Nähe der Spanischen Treppe

Babington's Tea Room
• Piazza di Spagna 23–25 | 00187 Roma
Tel. +39 06 678 6027
www.babingtons.com
E-Mail: tea@babingtons.com
Instagram: @babingtons
täglich außer Dienstag 10-21 Uhr

Antico Caffè Greco
• Via dei Condotti 86 | 00187 Roma
Tel. +39 06 679 1700
www.anticocaffegreco.eu
E-Mail: info@caffegreco.it
Instagram: @anticocaffegreco
täglich 9–21 Uhr

Auch wegen des wunderbaren Blicks über Rom lohnt es sich, die Spanische Treppe zur Kirche Trinità dei Monti hochzusteigen.

Das Astrolabium und die Anamorphosen im Konvent von Trinità dei Monti

Die weltbekannte Kirche Santissima Trinità dei Monti, die aktuell der Gemeinschaft Emmanuel anvertraut ist, ist eine von insgesamt fünf französischsprachigen Kirchen in Rom. Durch den Konvent werden regelmäßig 90-minütige Gruppenführungen auf Italienisch, Französisch und Englisch angeboten. Eine Anmeldung per E-Mail – mindestens zwei Tage im Voraus – ist unbedingt notwendig. Auch private Führungen (mindestens 15 Teilnehmende) können angefragt werden. Während der Tour bekommt man nicht nur die erstaun-lichen Anamorphosen und das Astrolabium zu sehen, sondern auch die hochverehrte Mariendarstellung Mater Admirabilis und die beeindruckenden illusionistischen Fresken im Refektorium, die 1694 von Andrea Pozzo geschaffen wurden.

Wo und was kostet's?

- Piazza della Trinità dei Monti 3
  00187 Roma
  Tel. +39 06 679 4179
  trinitadeimonti.net/en/visits
  E-Mail: secretariat.tdm@emmanuelco.org
  Instagram: @trinitadeimonti
  12 Euro pro Person, Jugendliche zahlen die Hälfte, Kinder unter 10 Jahren frei

TIPPS

CAFÉS IN ROM

Das Antico Caffè Greco und die beiden römischen Kaffee-Röstereien Tazza d'Oro, und Sant'Eustachio sind die Café-Klassiker. Weniger bekannt und doch mindestens genauso bemerkenswert sind diese hier:

Gut versteckt – das Café im Chiostro del Bramante

Nur wenige Schritte von der oft sehr belebten Piazza Navona entfernt, herrscht im schattigen Kreuzgang des Chiostro del Bramante meist himmlische Ruhe. Dieser 1504 fertiggestellte elegante Bau gilt als Bramantes erstes Werk und als architektonisches Meisterstück der italienischen Renaissance. Unten zeigt ein Museum in Wechselausstellungen vor allem moderne internationale Kunst. Im ersten Stock – Eintritt frei! – gibt's Kaffee, Kuchen und Aperol Spritz zu recht fairen Preisen - den großartigen Blick in Bramantes Kreuzgang bekommen Sie gratis dazu. Apropos: Von einer ganz bestimmten Stelle innerhalb des Cafés kann man oben in die benachbarte Kirche Santa Maria della Pace hineinschauen und die be-

Strahlen um die Wette: der sonnige Aperol Spritz und Bramantes Kreuzgang.

rühmten Sybillen-Fresken des großen
Raffael bestaunen.

- **Chiostro del Bramante**
  Arco della Pace 5 | 00186 Roma
  www.chiostrodelbramante.it

Lesen und chillen – das Café am Tiberufer

Seinen geplagten Füßen eine kleine
Pause gönnen und dabei ein bisschen
lesen? Am Tiberufer in der Nähe der
Engelsburg liegt die Biblio Bar Lungotevere, ein kleiner Café-Kiosk unter
Schatten spendenden Bäumen. Hier
können auch Bücher getauscht werden: Wer aus dem Regal ein Buch
nimmt, stellt dafür ein anderes zurück. Entspannte Musik, guter Kaffee,
zivile Preise, kostenloses Internet: der
perfekte Ort für einen gemütlichen
Zwischenstopp.

- **Lungotevere Castello**
  00193 Roma

**Was für ein Blick – vom Kuppelumgang
hinunter in den Petersdom**

Ganz weit oben – das Café auf dem Dach des Petersdoms

Wer sich auf die Kuppel des Petersdoms begibt (S. 39), wird nicht nur mit
einem grandiosen Blick über Rom und
die Vatikanischen Gärten belohnt,
man kann dort auch Postkarten verschicken, denn auf dem Dach des
Petersdoms befindet sich ein Souve-
nirgeschäft inklusive vatikanischem
Briefkasten (die Vatikan-Post liefert
schneller und verlässlicher als die ita-

lienische). Außerdem gibt's hier oben
eine kleine Cafeteria. Sie können also
auf dem Dach der berühmtesten Kirche der Welt einen Cappuccino genießen und dabei die 6 Meter hohen Hei-
ligenstatuen der Fassade aus einem
völlig neuen Blickwinkel bewundern.
Übrigens: Wer dem Petersdom aufs
Dach steigt, kann auch von oben in
den gigantischen Kirchenraum hinein-
blicken, ein unvergessliches Erlebnis.

- **Piazza San Pietro**
  00120 Città del Vaticano

Neben erlesenen Köstlichkeiten hat das Restaurant La Pergola auch einen überwältigenden Blick über Rom zu bieten.

7

Cucina romana

Pizza ebraica, Innereien-Burger und ein deutscher Drei-Sterne-Koch: eine aufregende Reise durch die römische Küche

Kulinarischer Streifzug durch Rom

Kann man in Rom eine großartige Pasta essen? *Ma certo!* Praktisch überall. Aber die römische Küche hat noch so viel mehr zu bieten. Wir treffen uns mit einem deutschen Spitzenkoch, der in Italien ein absoluter Star ist. Er wurde mit drei Michelin-Sternen dekoriert und empfiehlt uns heute seine ganz persönlichen Lieblingsrestaurants in der Ewigen Stadt.

Außerdem probieren wir typisch römisches Streetfood – Innereien sind hier ein Muss! – und wir essen eine *Pizza ebraica,* eine »hebräische Pizza«. Die wird allerdings nicht mit Tomatensoße und Mozzarella gemacht, sondern mit Mandeln und kandierten Früchten. Sie sieht ziemlich verbrannt aus - und schmeckt einfach zum Niederknien.

Christine zeigt mir Roms kulinarische Seiten

»Lass uns lieber ganz früh dorthin gehen«, sagt mir Christine am Vorabend. »So um 8 Uhr morgens wäre es gut, sonst sind sie vielleicht schon ausverkauft.« Christine kommt aus Österreich und lebt seit fast 20 Jahren in Rom. Sie arbeitet als Journalistin und ist mit einem Italiener liiert, der in Trastevere ein Restaurant betreibt – beste Voraussetzungen also, um mir die kulinarischen Geheimtipps der Ewigen Stadt zu verraten.

»Du wirst die *Pizza ebraica* lieben! Sie hat zwar nicht die Form einer Pizza und sieht aus, als wäre sie total verkohlt. Aber sie ist eine absolute Empfehlung, wenn man im jüdischen Viertel Roms unterwegs ist«, prophezeit sie mir. Und deshalb treffen wir uns auch genau hier, im jüdischen Viertel, dem sogenannten Ghetto.

»Diese Gegend hat eine unglaublich spannende Geschichte. In vorchristlicher Zeit gab es hier in Rom eine jüdische Gemeinde. Das römische Ghetto selbst gilt als eines der ältesten der Welt. Schon 1555 wurde es auf Anordnung von Papst Paul IV. errichtet. Das Gebiet war von einer Mauer umgeben, und die Juden durften es nur mit Erlaubnis verlassen«, erzählt mir Christine, während wir übers Kopfsteinpflaster schlendern. »Heute findet man hier ein extrem quirliges jüdisches Leben, mit der großen Synagoge, einem jüdischen Museum, Schulen, jüdischen Geschäften und Restaurants, von denen die allermeisten auch die Shabbat-Ruhe einhalten, von Freitagabend bis Samstagabend. Und diese Bäckerei hier ist eine absolute Institution im Viertel. Vor allem aber: Sie ist uralt. Lass uns mal reingehen und eine *Pizza ebraica* probieren.«

Noch nicht mal ein Schild am Laden, aber jeder kennt sie, die Pasticceria Il Boccione.

Roms letzte koschere Bäckerei

Und so betreten wir die Pasticceria Il Boccione, einen winzigen Laden, der von außen völlig unscheinbar ist. An der Tür gibt es noch nicht mal ein Schild. Aber Werbung hat diese Bäckerei auch gar nicht nötig; die wartenden Kunden vor der Tür sind die allerbeste Reklame. Hier duftet es herrlich nach frisch gebackenem Kuchen, Kirschen und karamellisiertem Zucker. Das Boccione, die letzte koschere Bäckerei im Ghetto, wird nur von Frauen geführt – »die Bäckerei der alten Damen«, wie man hier im Viertel sagt.

Hinter der Theke steht heute Vilma, die Matriarchin des Geschäfts. Eine recht resolute Frau, die gerade dabei ist, ein Backblech voll *Pizza ebraica* in kleine, handliche Stücke zu zerteilen. Ja, das Wort Pizza führt viele zunächst auf eine ziemlich falsche Fährte, lasse ich mir erklären. Die *Pizza ebraica* hier im jüdischen Ghetto besteht nämlich aus Mehl, Fett, Zucker, Nüssen, Sultaninen und kandierten Früchten. Zum Schluss kommt noch ein Schuss Marsala-Likörwein hinzu, um den Teig geschmeidig genug zu machen, damit man – beziehungsweise frau – ihn auf einem Backblech verteilen kann. »Das genaue Rezept ist natürlich ein gut gehütetes Betriebsgeheimnis«, lacht Vilma, »es wird von Generation zu Generation weitergegeben: Unsere Bäckerei besteht schon seit 300 Jahren.« *Pizza ebraica*, das sei nur eine umgangssprachliche Bezeichnung für diesen süßen Snack, stellt sie klar.

Der eigentliche Name lautet *Pizza di Beridde*. Wobei *Beridde* im lokalen römisch-hebräischen Dialekt für *Brit Mila* steht, das Fest der rituellen Beschneidung jüdischer Jungs. Früher gab es die *Pizza ebraica* also nur an besonderen Festtagen, heu-

Sieht verbrannt aus, schmeckt aber unglaublich lecker: *Pizza ebraica.*

te aber rund ums Jahr. Gut für uns. Denn jede und jeder sollte diese bizarre Süßspeise mal gegessen haben.

Warum bizarr? Nun ja, die *Pizza ebraica* könnte locker als hässlichstes Früchtebrot der Welt durchgehen: ziemlich verkohlt auf der Oberseite, sodass man sich fragt, warum man es hier im Il Boccione in den letzten 300 Jahren nicht geschafft hat, endlich mal die korrekte Ofentemperatur herauszufinden. Doch der erste Eindruck täuscht. Die *Pizza ebraica* schmeckt alles andere als verbrannt. Ganz im Gegenteil. Sie ist ein süßes, recht rustikales und kompaktes Früchtebrot, das den Kalorienbedarf eines ausgewachsenen Mannes vermutlich doppelt und dreifach abdeckt. Aber jeder Bissen lohnt sich – so perfekt sind die Zutaten aufeinander abgestimmt: die knackigen Nüsse und kandierten Früchte, gebacken in einem saftig-süßen und ganz leicht salzigen Teig.

Zuckerschock am frühen Morgen

»Davon wirst Du noch den ganzen Tag pappsatt sein«, schmunzelt Christine. »Aber schmeckt das nicht unglaublich toll? Und hier ist wirklich immer was los. Vor allem am Sonntag, wenn die Bäckerei wegen des Shabbats am Vortag geschlossen hatte und die Menschen am Sonntag ja eh genug Zeit haben, sich in die Schlange zu stellen. Die verkohlte *Pizza ebraica* ist hier im Boccione vermutlich die bekannteste Spezialität. Es gibt jedoch andere Speisen, die nur zu jüdischen Feiertagen aus dem Ofen kommen, zum Beispiel zu Pessach oder Purim. Aber ein absoluter Dauerbrenner ist die *Crostata con ricotta e visciole,* eine Torte mit Ricotta und Sauerkirschen. Die musst Du unbedingt auch noch probieren!«

Und so schneidet uns Vilma noch ein großes Stück Sauerkirsch-Ricotta-Torte ab. Christine und ich können unser morgendliches Glück kaum fassen, während wir uns die cremig-süße und leicht säuerliche Spezialität langsam auf der Zunge zergehen lassen. Ein krasser *sugar rush,* morgens um kurz nach 8 hier im jüdischen Ghetto Roms. Was für ein leckerer – wenngleich nicht ganz kalorienarmer – Start in den Tag! »Hier gibt es übrigens auch die einzige österreichische Bäckerei in Rom«, ergänzt Christine, »da bekommt man Brezeln, Topfenstrudel und Sachertorte. Manchmal komme ich her, wenn mich ein bisschen die kulinarische Sehnsucht nach der Heimat plagt.«

Ein Gefühl wie in Jerusalem

»Das jüdische Viertel ist, was das Essen betrifft, wirklich der absolute Hammer«, das steht für Christine fest. »Hier bei Nonna Betta zum Beispiel haben sie *carciofi alla giudia,* Artischocken jüdischer Art. Die ›einzig wahren jüdischen Artischocken‹, wie man bei Nonna Betta natürlich selbstbewusst behauptet. Es gibt Artischocken ja in verschiedenen Arten und Größen. Für die *carciofi alla giudia* benutzt man aber nur die kleinen, die dann komplett frittiert werden. Sie sind eine ganz typische Spezialität – jeder, der herkommt, sollte sie zumindest einmal probiert haben.«

Und damit hat Christine absolut recht, die Artischocken sind toll – außen zwar stachelig, aber mit einem köstlichen, sehr weichen Kern. Und es stimmt, was viele sagen: Hier im jüdischen Viertel könnte man fast vergessen, dass man in Italien ist.

Wenn man an einem lauschigen Abend im römischen Ghetto sitzt, hervorragend koscher isst und viele Menschen um einen herum Hebräisch sprechen, dann fühlt man sich tatsächlich fast wie in Israel.

Zum Markt von Testaccio

Christine ist bester Laune und zieht mich weiter: »Komm, ich zeige ich Dir das nächste kulinarische Highlight – ich muss Dich allerdings warnen, die nächste Spezialität ist ziemlich anders als die *Pizza ebraica.* Was jetzt kommt, ist nicht nach jedermanns Geschmack, aber es gehört zu Rom einfach dazu. Etwas Traditionelleres findest Du nirgendwo sonst.«

Mit Christine Süßes zu naschen macht zu jeder Tageszeit gute Laune.

Eine halbe Stunde Fußmarsch – oder zehn Minuten mit dem Taxi –, und schon ist man im ehemaligen Arbeiterviertel Testaccio. Es befindet sich südlich von Trastevere und war noch vor ein paar Jahren als *die* Partymeile Roms bekannt. Heute geht die Jugend hier nicht mehr tanzen, die Zeiten sind vorbei. Doch dafür haben sich die lokalen kulinarischen Traditionen immer noch erhalten.

Im Wort *testaccio* steckt der lateinische Begriff *testae*, was »Scherben« bedeutet: Testaccio ist also ein Scherbenhaufen. Und zwar im wahrsten Sinne des Wortes. Mitten im Stadtviertel befindet sich nämlich tatsächlich ein riesenhafter Scherbenhaufen, der Monte Testaccio. Christine deutet auf eine enorme Anhöhe: Dort hinten ist er! Und während wir näher herangehen, sehe ich, dass der komplette Berg wirklich aus dicht aufeinandergeschichteten Scherben besteht.

Müllentsorgung auf Altrömisch

»Die Geschichte dieses Ortes ist ziemlich abgefahren«, erklärt mir Christine. »Stell Dir vor, dort hinten war früher der Hafen von Rom. Die Schiffe kamen den Tiber

herauf und brachten Waren aus den römischen Provinzen in die Stadt, unter anderem auch Öl, das in großen Tonkrügen transportiert wurde. Beim Leeren dieser Amphoren gingen nicht wenige zu Bruch. Was machte man also mit den Scherben? Man warf sie mehr oder weniger direkt hinter sich – und so entstand ein riesiger Scherbenhaufen, der Monte Testaccio.

»Was für eine bequeme Art der Müllentsorgung«, sage ich grinsend, während wir weiter am Scherbenhaufen entlanggehen. Dabei fällt mir auf, dass einige Geschäfte und Restaurants direkt in den Berg hineingebaut wurden. »Ja, das ist wirklich verrückt«, bestätigt Christine, »hier kannst Du in einem Restaurant sitzen, und die Wände bestehen aus antiken Amphorenscherben aus den römischen Provinzen. So etwas

Testaccio gründet auf einem Tonscherbenhaufen riesigen Ausmaßes.

gibt's wirklich nur in der Ewigen Stadt. Und schau mal da vorne, das ist der Mattatoio, der riesige ehemalige Schlachthof von Rom. Man kann außen an den Schlacht-
häusern sogar noch das Gestänge erkennen, an dem die toten Tiere transportiert
wurden. Heute befindet sich hier aber ein Kulturzentrum, es gibt Kunstausstellun-
gen und Konzerte. Es ist schon eine ziemlich coole alternative Gegend.«

Christine macht eine ausholende Geste, die all das umfasst – ich nicke beeindruckt. Und schon ist sie wieder in Fahrt: »Jetzt aber los, lass uns zu Sergio gehen,
der hat bestimmt schon was Leckeres für Dich gekocht.« Ich sehe, wie sie sich ein
kleines Lächeln nicht verkneifen kann.

Bei Sergio kommt wirklich alles auf den Teller

Wir gehen auf den Nuovo Mercato di Testaccio, den neuen Markt des Viertels. Ein
moderner Bau aus dem Jahr 2012. Hier finden die Einheimischen einfach alles, was
sie fürs tägliche Leben brauchen. Es gibt Haushaltswaren, knackiges Obst und Ge-
müse, Fleisch und Fleisch, Brot und Eier … und hier findet man auch Sergio Esposito und seinen kleinen Marktstand Mordi e vai. »›Iss und hau ab‹, heißt das auf
Deutsch«, erklärt mir Christine. »Sergio arbeitet nebenbei auch als Hobbyschau-
spieler, und vor ein paar Jahren wurde er sogar mit einem italienischen Streetfood-
Award ausgezeichnet.

Hier kannst Du in einem Restaurant sitzen,
und die Wände bestehen aus antiken Amphoren-
scherben aus den römischen Provinzen. So etwas
gibt's wirklich nur in der Ewigen Stadt.

Bereitwillig erzählt uns Sergio aus seinem Leben, während er ein fingerdickes
weißliches Etwas mit einem scharfen Messer zerteilt. »Früher habe ich im Mattatoio
gearbeitet, mehr als 40 Jahre lang. Dort im Schlachthof habe ich so ziemlich alles
über Fleisch gelernt, was man lernen kann, und deshalb habe ich diesen Laden
aufgemacht.« Offenbar eine ziemlich gute Idee, denn Sergios Streetfood-Geschäft
lockt nicht nur die Einheimischen an. Auch viele italienische Promis aus dem ganzen Land waren schon hier, Sergio hat mit ihnen Erinnerungsfotos geschossen und
die Bilder an die Wand des Mordi e vai geheftet. Sogar berühmte Hollywoodstars
sehe ich an Sergios Wall of Fame.

Sergios Finger in der Wange ist eine typisch italienische Geste für: hmm ... lecker!

»Was gibt's denn Gutes bei Dir?«, frage ich ihn. »Also, pass auf, wir haben heute Kutteln – das ist kleingeschnittener Pansen, also der Magen einer Kuh«, zählt er auf. (So so, das war also das fingerdicke weißliche Etwas von eben.) »Dann habe ich noch frische Kalbsnierchen im Zwiebelsud, außerdem *coratella e carciofi,* also Eingeweide von Hasen, Gänsen und Schafen mit Artischocken. Und das hier ist unsere absolute Königin: *pajata di vitella* – gekochter Darm vom Milchkalb.

Das fünfte Viertel

Bei dieser Aufzählung muss ich wohl ein bisschen das Gesicht verzogen haben, denn Christine kann sich ihr Schmunzeln wiederum nicht verkneifen. »Ich hab Dir doch gesagt, Stefan, bei Sergio gibt es nicht die ganz gewöhnlichen Köstlichkeiten«, sagt sie lachend. »Aber das hier ist wirklich das traditionellste römische Essen, das man finden kann. Man nennt es *quinto quarto,* also das fünfte Viertel. Normalerweise teilt man Schlachttiere ja in zwei vordere und zwei hintere Viertel. Der Rest – Kopf, Schwanz und Innereien – wird als das fünfte Viertel bezeichnet. Es wurde vielerorts einfach weggeworfen, aber hier in Rom isst man wirklich alles vom Tier. Früher wurden die Menschen sogar oft mit Innereien bezahlt, es war quasi Teil ihres Monatslohns. Und so hat sich das *quinto quarto* über die Jahrzehnte zu einer echten lokalen Spezialität entwickelt. Trau Dich ruhig, Stefan!« Sie zögert einen Moment und fügt dann hinzu: »Um ehrlich zu sein, mein Fall ist es nicht unbedingt, aber es gibt viele Menschen, die total drauf stehen.« Und so wende ich mich wieder Sergio zu, dem Streetfood-König, und bestelle bei ihm seine Königin: einen Burger mit gekochtem Darm. Aber stopp, bevor Sie jetzt entsetzt oder angewidert umblättern: Gekochter Darm schmeckt so ähnlich wie Hühnchen. Vielleicht ein bisschen weicher. Aber die Soße, in der Sergio die Innereien zubereitet, ist ein absoluter Traum. Also, alle wagemutigen Esser, bitte vortreten! Bei Mordi e vai gibt es römische Spezialitäten, wie sie typischer nicht sein könnten.

Ein deutscher Starkoch in Rom

Doch falls das *quinto quarto* nicht so ganz Ihr Fall ist – wie wäre es denn mit Essen von einem gefeierten Drei-Sterne-Koch? Ah ja, verstehe, das klingt schon eher nach Ihrem Geschmack. Dieser Sterne-Koch ist wirklich ein absoluter Superstar in Rom, sogar einer der bekanntesten und gefragtesten Köche ganz Italiens. Das Verrückte: Er kommt aus Deutschland.

Altötting, Niederbayern, irgendwann Anfang der 1970er-Jahre. Die Zwillingsbrüder Heinz und Hermann stehen vor ihrem Vater. »Ich möchte Koch werden«, sagt Heinz. »Ich möchte aber auch Koch werden«, mischt sich Hermann ein. Der Vater runzelt die Stirn. »Also, zwei Köche in der Familie, das geht nun wirklich nicht«, entscheidet er streng. Und deshalb lässt er seine beiden Söhne das Los ziehen. Heinz gewinnt. Er wird Koch – und was für einer!

Ich treffe Heinz Beck in seinem Restaurant La Pergola, dem ersten und einzigen Drei-Sterne-Restaurant Roms. Es gehört zum Luxushotel Rome Cavalieri und befindet sich auf Roms höchstem Berg, dem Monte Mario, rund 15 Autominuten vom Zentrum entfernt und mit einem atemberaubenden Blick über die Ewige Stadt.

»Grüß Dich, Stefan!«, heißt Heinz Beck mich willkommen. »Der Ausblick ist nicht so schlecht, oder? Ich bin praktisch jeden Tag hier, im letzten Jahr habe ich nur an drei Abenden gefehlt.« Ich merke sofort, dass vor mir ein Mann steht, der wirklich mit Leib und Seele Koch ist – das Los scheint damals genau den Richtigen getroffen zu haben. Sein Bruder Hermann besitzt zwei Hotels in England – er hat zwar einen anderen Weg genommen, aber auch eine tolle Karriere gemacht.

Vom Bodensee auf den kulinarischen Olymp

Um Heinz Beck und seine Kunst besser begreifen zu können, sollte man einen Blick auf seine beeindruckende Vita werfen: 1963 in Friedrichshafen als Sohn eines Juweliers geboren, lässt er sich in Niederbayern zum Koch ausbilden. Er beginnt bei Feinkost Käfer und einem Sterne-Restaurant in Freiburg, dann nimmt ihn der gefeierte Starkoch Heinz Winkler unter seine Fittiche. Beck kocht daraufhin im legendären Münchner Gourmettempel Tantris und folgt Winkler anschließend nach Mallorca in dessen Zwei-Sterne-Restaurant Tristan. Nach weiteren Stationen in Bayern und Berlin erhält Heinz Beck plötzlich einen Anruf aus Rom. Ob er Interesse daran hätte, das Restaurant im Rome Cavalieri zu leiten.

Beck ist da gerade mal 31 Jahre jung, war noch nie zuvor in Italien – noch nicht mal im Urlaub – und spricht kein Wort Italienisch. Das ist nun fast 30 Jahre her. Mittlerweile leitet Beck nicht nur das La Pergola in Rom, er besitzt ein ganzes Imperium an erstklassigen Restaurants – einige davon in Italien, aber auch an der portugiesischen Algarve und in Dubai. Zusammen mit seiner sizilianischen Ehefrau Teresa ist er mit einer Consultingfirma rund um den Globus tätig. Ein rastloses Genie, auf der Suche nach Perfektion.

Im Gespräch mit Heinz Beck

Wie wird man als Deutscher zu einem der besten Köche Italiens?

Als ich hier in Rom ankam, bin ich zunächst in die ganz einfachen Trattorien gegangen, um herauszufinden, wie die Italiener essen. Was sie erwarten, wenn sie in ein Restaurant gehen. Und ich wollte erfahren, wie ihre Mütter kochen. Du musst wissen, die Familien und vor allem die Mütter spielen hier in Italien eine viel, viel größere Rolle als in Deutschland. Durch meine sizilianische Frau habe ich gelernt, wie das Herz der italienischen Küche schlägt, wie die Kultur ist, welche Gefühle mit dem Essen verbunden sind.

Und diese Gefühle authentisch auf den Teller zu bringen ist vermutlich eine ziemlich große Herausforderung.

Für jemanden zu kochen, ist das Nobelste, was es gibt. Man verzichtet auf sich selbst, um anderen einen Genuss zu verschaffen. Und dafür geben die Gäste, die zu mir kommen, ihr größtes Hab und Gut: ihre Gesundheit. Deshalb ist es mir wichtig, dass meine Gäste das Restaurant in einem besseren Zustand verlassen, als sie hereingekommen sind. Sie müssen auch gar nicht verstehen, wie genau ich das schaffe. Aber sie spüren: Heute Abend ist es anders, ich bin beim Essen nicht gestresst, angespannt oder müde, ich schlafe danach gut, wache morgens auf - und bin in einer top Kondition. Komm, Stefan, lass uns mal in die Küche gehen, dann wirst Du sehen, wie genau ich das mache.

Und so führt mich Heinz Beck durch sein Zuhause: seine Küche, in der gerade rund 20 Menschen eifrig dabei sind, das abendliche Menü vorzubereiten. Wir gehen allerdings noch einen Raum weiter. Und hier wirkt es nicht mehr wie in einer Küche, sondern eher wie in einem Labor. »Wenn ich ein neues Gericht kreiere«, erklärt mir Beck, »dann kommt natürlich zuerst die Idee, aber danach analysiere ich: Was sind die *nutrition facts,* also die Nährwerte, welche schädlichen Substanzen gibt es vielleicht? Das ändere ich alles so lange ab, bis es absolut perfekt ist.«

Mit Heinz Beck auf der Terrasse des La Pergola:
Rom im Rücken, Chardonnay in der Hand und
ein Starkoch voll in seinem Element.

Mein erster Eindruck eines Labors bestätigt sich immer mehr: Vor uns stehen Hochleistungszentrifugen und Rotationsdestillatoren. Heinz Beck macht sich die verschiedenen Aggregatzustände zunutze, kühlt Karotten und Schwarzwurzeln in einem Freeze Dryer auf minus 48 Grad Celsius herunter. Sein Parmesan-Risotto bereitet er mit einer Infusion aus gefiltertem Parmesanwasser zu. Der Vorteil: Alle Aromen und Nährstoffe des Käses bleiben erhalten, aber nicht das Fett.

»Bei uns bekommst Du eine supergesunde Küche, eine emotionale Küche, eine moderne Küche«, sagt Heinz Beck nicht ganz ohne Stolz. Und er erzählt von seiner Zusammenarbeit mit Medizinern, Ernährungswissenschaftlern und *Bio-Engineers*. Er misst die Insulinschwankungen während seiner Menüs, beschäftigt sich in der eigenen 100-Betten-Gesundheitsklinik mit »epi-genetischem Essen«, bietet dort auch *Deep Detox* an, also eine »Tiefen-Entgiftung«. Beck entwickelt Gerichte für übergewichtige Kinder, versucht durch die richtige Diät das Leiden von Alzheimer-patienten zu lindern und wurde für seinen Forschergeist sogar schon mit dem ita-lienischen Innovationspreis ausgezeichnet. »Magst Du mal was probieren, Stefan?« Dreimal dürfen Sie raten, was ich geantwortet habe!

Pasta bei Beck: eine Geschmacksexplosion!

Und da sind sie: Becks berühmte Fagotelli. Nur wie soll ich bloß beschreiben, was da vor mir auf dem Teller liegt? Wir reden hier von Nudeln, klar – aber sozusagen in der Inside-out-Version. Denn die Carbonara-Soße befindet sich nicht um die

Nudeln herum, wie man es kennt, sondern mittendrin. Heinz Beck hat die flüssige Essenz der klassischen Carbonara in die Nudeln injiziert. Sie werden somit zu soßengefüllten Mini-Teigballons, die im Mund zerplatzen und dort – im wahrsten Sinne des Wortes – für eine Geschmacksexplosion sorgen. Was für eine raffinierte Verneigung vor der Küche Italiens, denke ich so bei mir – sie hat Beck zu einem der beliebtesten und begehrtesten Köche des Landes gemacht. Derart begehrt sogar, dass man mindestens drei Monate im Voraus reservieren sollte, um im La Pergola einen Tisch zu bekommen.

Und die Gäste des Gourmettempels haben offenbar ziemlich hohe Ansprüche. Es gibt eine zwölfseitige Auswahl an Mineralwässern, verschiedenste Pfeffersorten aus aller Welt, Meersalz, das aus Hawaii kommt, 3700 verschiedene Weine in einem Keller, der mit über 76 000 Flaschen bestückt ist – Heinz Becks Drei-Sterne-Restaurant agiert auf allerhöchstem Weltniveau. Und dennoch ist nicht alles völlig unbezahlbar. Oder was halten Sie von dieser Geschichte hier: Während unseres Gesprächs kredenzt der Starkoch einen wirklich hervorragenden Weißwein. »Das ist ein Chardonnay«, erläutert Beck, »aus Latium, also der Region rund um Rom. Dort, wo diese Reben wachsen, haben bereits die alten Römer Wein angebaut. Es ist ein Tal, in dem tagsüber ein warmer Wind vom Meer her weht, während er abends aus den Bergen kommt und das Tal wieder abkühlt. Die machen super Weine dort, ein ganz junges Weingut, wirklich top. Dieser ist mein Lieblingswein, ein absoluter Geheimtipp.«

Vielleicht geht es Ihnen zu Hause ja jetzt ähnlich wie mir, und Sie überlegen, was so ein »absoluter Geheimtipp-Wein« eines gefeierten Drei-Sterne-Kochs wohl kostet … 50 Euro pro Flasche? Vielleicht sogar 100 oder mehr? Ich habe den Chardonnay »Ômina Romana 2018« für 25 Euro im Internet gefunden. Den könnten Sie sich ja durchaus mal gönnen, zum Beispiel als Vorbereitung auf Ihre Romreise. Und ich habe noch ein weiteres

Eines der Wunderwerke aus Heinz Becks Küche.

Goodie für Sie: Da sich nicht jeder ein Abendessen im La Pergola leisten kann oder will, habe ich Heinz Beck gebeten, mir seine ganz persönlichen – und bezahlbaren – Lieblingsrestaurants in Rom aufzuschreiben. Die möchte ich Ihnen nicht vorenthalten – ich hab sie selbst getestet und für sehr gut befunden. Sie finden die Liste auf S. 131.

Für jeden Geschmack und Geldbeutel

Was haben wir in diesem Kapitel rund um die Kulinarik in der Ewigen Stadt gelernt? Dass die römische Küche unglaublich vielseitig ist! Sie versteht es bestens, sowohl rustikales *quinto quarto* zuzubereiten als auch allerfeinste Sterne-Küche. Rom hat für jeden Geschmack und für jeden Geldbeutel etwas zu bieten. Deshalb: Egal, ob Sie bei Vilma im jüdischen Viertel eine saftig-süße *Pizza ebraica* probieren, bei Sergio einen schmackhaften Innereien-Burger essen oder sich von Starkoch Heinz Beck im La Pergola verwöhnen lassen – auf Weltniveau, mit bestem Blick über Rom: *Buon appetito!*

Essen im jüdischen Viertel

In der letzten koscheren Bäckerei des römischen Ghettos eine ziemlich verkohlt aussehende, aber unglaublich köstliche *Pizza ebraica* probieren oder die beliebte *Crostata con ricotta e visciole* genießen, eine Ricotta-Sauerkirsch-Torte. Nach Aussage der Matriarchin Vilma Limentani besteht die Bäckerei seit 300 Jahren. Die Rezepte werden streng geheim gehalten und von Generation zu Generation weitergegeben. Am Nachmittag kann man auch *Bruscolini* kaufen: geröstete und gesalzene Kürbiskerne, die in kleinen Papiertüten angeboten werden – ein Straßenessen mit typisch römischem Geschmack. Verpassen Sie außerdem nicht die *carciofi alla giudia* – Artischocken jüdischer Art – bei Nonna Betta. Und die koschere Pasta bei Bellacarne.

Wo und wann?

Pasticceria il Boccione
• Via del Portico d'Ottavia 1 | 00186 Roma
  Tel. +39 06 687 8637
  Freitagnachmittag und Samstag geschlossen – Shabbat-Ruhe!

Nonna Betta
• Via del Portico d'Ottavia 16 | 00186 Roma
  Tel. +39 06 6880 6263
  www.nonnabetta.it
  Instagram: @nonna_betta

La Dolceroma – die einzige österreichische Bäckerei Roms
• Via del Portico d'Ottavia 20b | 00186 Roma
  Tel. +39 06 4547 0303
  www.ladolceroma.it
  Instagram: @ladolceroma

Essen auf dem Markt von Testaccio

Das *quinto quarto* – also das fünfte Viertel – bezeichnet traditionelle, typisch römische Spezialitäten. Dabei wird praktisch alles vom Tier zubereitet, eine komplette *nose-to-tail*-Verwertung, einschließlich der Innereien. Der Marktstand Mordi e vai von Sergio Esposito ist die Institution für römisches Streetfood. Hier findet man Gerichte mit allen Arten von Innereien, zubereitet in extrem schmackhaften Soßen. Sergios »Königin«: *Pajata di vitella* – gekochter Darm vom Milchkalb. Trauen Sie sich ruhig, es schmeckt köstlich. Eine traditionellere römische Küche werden Sie nirgendwo sonst finden!

Wo und wann?

Nuovo Mercato Comunale di Testaccio

• Via Galvani / Via Beniamino Franklin
  Box Nummer 15: Mordi e vai
  00153 Roma
  Tel. +39 33 91 34 33 44
  www.mordievai.it
  Öffnungszeiten des Marktes:
  Montag–Samstag 7–15.30 Uhr
  Öffnungszeiten von Mordi e vai:
  Montag–Samstag 11–15 Uhr
  Metro B bis Piramide

Essen bei Heinz Beck

Das La Pergola des deutschen Starkochs Heinz Beck ist das erste und einzige Restaurant Roms, das vom Guide Michelin mit

Die Vielfalt der Köstlichkeiten auf dem Nuovo Mercato di Testaccio ist enorm.

drei Sternen ausgezeichnet wurde: »Erst-
klassige Spitzenprodukte, pure Aromen
und intensiver Geschmack, harmonische
Kompositionen: Hier wird das Kochen zur
Kunst. Perfekt zubereitete Gerichte, die
nicht selten zu Klassikern werden.« Wie
zum Beispiel die Miniatur-Wundertüten
Fagotelli: Nudeln, in die Beck flüssige Essenz der klassischen Carbonara injiziert
hat, eine wahre Geschmacksexplosion.

Wo?

**La Pergola im Hotel Waldorf Astoria
Rome Cavalieri**

• Via Alberto Cadlolo 101

• 00136 Roma

• Tel. +39 06 3509 2152

  www.romecavalieri.com

• Menü ab 250 Euro, Reservierung
  erforderlich

TIPPS

HEINZ BECKS LIEBLINGS-
RESTAURANTS IN ROM

Als Heinz Beck aus Deutschland in die
Ewige Stadt kam, hat er in unzählige
Kochtöpfe geschaut und viele Restau-
rants ausprobiert. Nur wenige verste-
hen die römische Küche so gut wie
Beck, der zu den gefragtesten Köchen
Italiens zählt. Für dieses Buch lüftet er
exklusiv seine Geheimtipps: Die fol-
genden Lokale empfiehlt der Drei-
Sterne-Koch!

Cucina Romana

• Via Properzio 28

  00193 Roma

Felice al Testaccio

• Via Mastro Giorgio 29

  00153 Roma

  Tel. +39 06 57 46 800

  www.feliceatestaccio.it

Flavio al Velavevodetto

Dieses Restaurant ist in den Scherben-
hügel Testaccio hineingebaut

• Via di Monte Testaccio 97

  00153 Roma

  Tel. +39 06 57 44 194

  www.ristorantevelavevodetto.it

Da Francesco

• Piazza del Fico 29 | 00186 Roma

  Tel. +39 06 68 64 009

  www.dafrancesco.it

Zia Restaurant

• Via Goffredo Mameli 45

  00153 Roma

  Tel. +39 06 23 48 80 93

  www.ziarestaurant.com

Retrobottega

• Via della Stelletta 4

  00186 Roma

  Tel. +39 06 68 13 63 10

  www.retro-bottega.com

Das berühmteste Mosaik der Totenstadt ist »Christus-Helios«, in dem Jesus als Sonnengott Helios, also als Personifikation der aufgehenden Sonne dargestellt wird. Das römische Fest des *sol invictus*, des »unbesiegbaren Sonnengotts«, wurde am 25. Dezember gefeiert – der gleiche Tag wie unser heutiges Weihnachtsfest.

8

Das Grab des Petrus

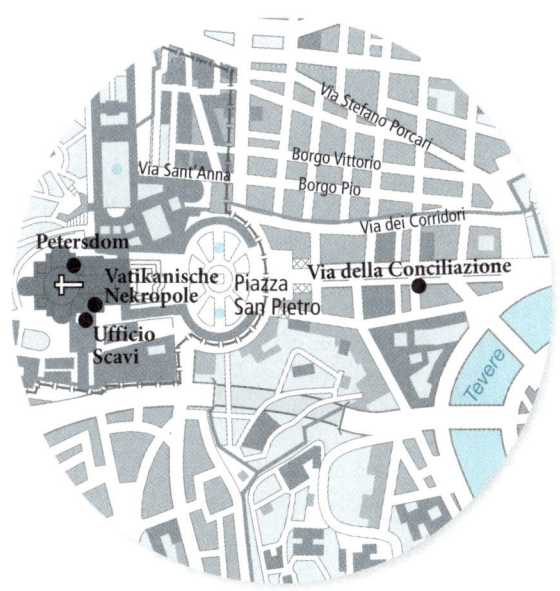

Ein Ausflug ins Untergeschoss von Sankt Peter: 2000 Jahre Geschichte in nur einer Stunde!

Totenstadt unter dem Petersdom

Dass man innerhalb des Petersdoms eine »Etage« tiefer gehen kann, habe ich Ihnen ja bereits erzählt – also hinunter in die Vatikanischen Grotten, dort wo viele Päpste beerdigt liegen. Doch haben Sie schon mal davon gehört, dass man sogar noch tiefer in die Erde – und in die Geschichte – eintauchen kann?

Unterhalb des Petersdoms befindet sich nämlich Erstaunliches: eine uralte und 1600 Jahre verschüttete Nekropole. Eine Totenstadt, in der auch das Grab des Apostelfürsten Petrus verehrt wird, des ersten Papstes der Geschichte. Genau dieses Grab wollen wir heute besuchen. Eine ziemlich exklusive Tour, denn nur ein paar Dutzend Menschen bekommen jeden Tag die Chance dazu, auf diese faszinierende Reise durch 2000 Jahre Geschichte zu gehen. Deshalb bitte ich Sie: Machen Sie diesen Ausflug in den Untergrund unbedingt. Sie werden ihn nie wieder vergessen!

10. Februar 1939: Papst Pius XI. stirbt. Und schon bald beginnen die Vorbereitungen für seine Beisetzung. In seinem Testament hatte der Papst verfügt, in den Grotten von Sankt Peter beerdigt zu werden, also in jenem Bereich, der sich einige Meter unterhalb des heutigen Bodenniveaus der Petersbasilika befindet. Man fängt an zu graben und ... stutzt! Was sind denn das plötzlich für Steine? Man hatte ja schon immer davon gehört – aber könnte es tatsächlich sein, dass dies die verschüttete Nekropole ist? Die fast vergessene Totenstadt, die sich sogar noch unterhalb des heutigen Friedhofs der Päpste befindet? Pius XII., der Nachfolge-Papst, ist fest entschlossen nachzuschauen. Nur, was würde man dort unten wohl finden? Vielleicht tatsächlich den Grund für den Bau des Petersdoms? Den Ursprung all dessen, was wir heute mit dem Vatikan und dem 2000 Jahre alten Papstamt verbinden? War man also tatsächlich dem Petrusgrab auf der Spur?

»Tief unten« war früher ganz oben

Ich treffe mich mit Frau Dr. Karin Mair. Seit 2008 ist sie Mitarbeiterin der Dombauhütte von Sankt Peter und arbeitet unter anderem als Führerin in den sogenannten Scavi, also den Ausgrabungen unterhalb des Petersdoms. Sie hat in Salzburg, Siena und Rom Geschichte und Theologie studiert – und ist ein wandelndes Lexikon: eine Frau mit einem beeindruckenden und umfassenden Wissen rund um die Geschichte der Nekropole und des Petrusgrabes. Wir sind am Ufficio Scavi, dem Ausgrabungsbüro, verabredet. Es befindet sich innerhalb des Vatikans, ganz in der

Per Zahlencode geht es hinab in die Scavi, die Ausgrabungen unterhalb des Petersdoms.

Nähe des Campo Santo Teutonico und der Sakristei von Sankt Peter.

Übrigens: Ich hatte Ihnen auf S. 32 ja versprochen – als es um den vatikanischen Obelisken mitten auf dem Petersplatz ging –, dass ich Ihnen auch den ehemaligen Standort des Obelisken zeigen würde. Hier nun also, nur wenige Schritte vom Ufficio Scavi entfernt, befand er sich bis zum Jahr 1568. Er war Teil des Circus des Nero, von dem wir gleich noch hören werden. Zusammen mit Frau Dr. Mair gehe ich zum Eingang der Scavi und bin extrem gespannt, was mich dort unten erwarten wird. Eine Nekropole? Das Wort leitet sich vom altgriechischen *nekrós,* »Toter« und *pólis,* »Stadt« ab. Eine Totenstadt also, direkt unterhalb der weltberühmten Petersbasilika? Lassen Sie uns hinuntergehen und Stück für Stück herausfinden, welches Geheimnis dort unten versteckt liegt. Wir starten an einer ziemlich steilen Treppe.

Mit Dr. Karin Mair in der Nekropole

Hier geht's ganz schön tief hinab!

Ja, wir sind jetzt ungefähr neun Meter unterhalb des Fußbodenniveaus der heutigen Basilika – und das hier ist antikes römisches Straßenniveau. Genau hier sind die Menschen also damals auch gegangen. Was viele Besucher nicht sofort verstehen, weil wir so tief unten sind: In der Antike war über uns kein Bauwerk, sondern einfach nur blauer Himmel. 70 Meter der Nekropole sind freigelegt mit insgesamt 22 Mausoleen, in denen knapp 1000 Menschen beerdigt wurden. Die Totenhäuser, die wir sehen, sind aus dem beginnenden zweiten nachchristlichen Jahrhundert, also rund 1800 Jahre alt. Wir gehen in diesen Ausgrabungen also auf der Geschichte und durch die Geschichte.

Was sofort auffällt: Es ist recht feucht hier drin.

Das stimmt. Wir haben 98 Prozent Luftfeuchtigkeit – die wird künstlich hergestellt, ansonsten würde uns das antike Mauerwerk zerbröseln. Und es herrscht eine konstante Temperatur zwischen 16 bis 18 Grad Celsius. Man muss da einen goldenen Mittelweg finden: für den Friedhof, aber auch für die Besucher. Maximal 250 Menschen pro Tag dürfen runter, normalerweise in Gruppen von 15 Personen.

Die Totenhäuser sind erstaunlich bunt. Sind die Farben noch original?

Ja, das sind sie. Die rote Farbe ist ein Symbol für Reichtum und wurde aus der Purpurschnecke gewonnen. Man brauchte eine Unmenge von Schnecken für ein paar Tropfen Farbe. Wenn wie hier der gesamte Innenraum rot ausgemalt ist, kann man sich schon vorstellen, wie reich die Familie war.

Was für Menschen konnten sich denn so eine Beerdigung leisten?

Das hier war ein Friedhof für *Libertis*, also freigelassene Sklaven. Das bedeutet, sie waren am kaiserlichen Hof beschäftigt: Lehrer, Ärzte, Beamte und Rechtsanwälte. Sie hatten ein gutes Gehalt und konnten sich dementsprechend auch diese Totenhäuser leisten. Ein Totenhaus gehörte immer einer einzigen Familie, aber es wurde natürlich über mehrere Generationen hinweg verwendet. Und eine Familie hieß in der Antike nicht »Vater, Mutter, Kind«, sondern meinte den *Oíkos*, den Haushalt, zu dem auch die Sklaven gehörten. Wir reden dann schnell von 80, 90 oder 100 Familienmitgliedern.

Wie lange wurden diese Mausoleen denn genutzt?

Die Totenhäuser haben knapp 200 Jahre existiert. Ab dem Jahr 320 n. Chr. beginnt Kaiser Konstantin dann mit dem Vorhaben, die Peterskirche zu bauen. Aus Pietätsgründen zerstört er die Totenhäuser aber nicht, sondern nimmt ihnen einfach nur die Dächer ab. Und dann wird alles mit Schutt aufgefüllt. Der Kaiser hat also ein perfektes Fundament, und auf diesem Fundament baut er seine Basilika. Dann schlummert der Friedhof vor sich hin, für knapp 1600 Jahre – bis 1939, als man mit den Ausgrabungen beginnt.

Man sagt, diese Nekropole wurde durch den Tod eines Papstes wiederentdeckt?

So ist es. Papst Pius XI. war verstorben und wollte in den Grotten beigesetzt werden, in nächster Nähe des Petrus. Und bei der Anlage des Grabplatzes hat man dann einen Teil eines Totenhauses gefunden. Man wusste zwar, dass es unterhalb von Sankt Peter einen Friedhof gab, aber natürlich war man trotzdem überrascht. Pius XII., der Nachfolger, hat dann die Ausgrabungen erlaubt, begonnen, geleitet und auch zu Ende geführt. Es war für den Papst wichtig, wissenschaftlich-methodisch aufzuzeigen: Hier befindet sich das Grab des Petrus. Man hat zehn Jahre lang gegraben – ein insgesamt sehr kompliziertes Unterfangen, denn darüber steht ja eine Abertausende Tonnen schwere Basilika. Wenn man darunter alles aushöhlt, muss man gleichzeitig enorm stabilisieren.

Wir sehen hier einige Sarkophage. Befinden sich darin noch Gebeine?

Wenn der Sarkophag *in situ* ist – also an originaler Stelle –, dann sind auch noch die Gebeine vorhanden. Der Rest ist heute in den Vatikanischen Grotten beigesetzt. Man darf nicht vergessen, es ist immer noch ein Friedhof, auch wenn er nicht mehr aktiv ist. Man sollte diesem Ort deshalb auch Respekt und Pietät zollen.

Wie sah der Totenkult vor 1800 Jahren eigentlich genau aus?

Wir haben hier zwei Reihen von Mausoleen. Die ältere ist direkt in den Hügel hineingebaut. Deshalb gibt es in einigen Totenhäusern eine Treppe, die auf den Hügel hinaufführt – oder auf eine Art Dachterrasse. Und dort hat die Familie dann ein sogenanntes *Refrigerium* gefeiert, also eine Erfrischung, eine Erquickung. Heute würden wir sagen: Totenmahl. Das Ganze geschah an verschiedenen Feiertagen. Dann kam die Familie zusammen und hat gemeinsam gegessen und getrunken. Auch die Verstorbenen selbst hat man übrigens mit Essen versorgt: Es gibt Sarkophage, die haben kleine Röhren, also Öffnungen, und dadurch hat man Speis und Trank in den Sarkophag hineinbefördert.

Reich verzierte Sarkophage sind keine Seltenheit in der Vatikanischen Nekropole. Viele wurden oft mehrfach benutzt.

Historische Fotos der Ausgrabungsarbeiten aus den 1940er-Jahren

Was für ein spannender Blick in die Geschichte! Dort hinten scheint der Gang aufzuhören. Aber endet dort auch die gesamte Nekropole?

Nein, das ist nur das Ende der Ausgrabungen. Und es gibt nochmal einen guten Einblick, wie diese Räume komplett zugeschüttet waren. Und da oben haben wir einen *Titulus* – also eine Schrifttafel. Dieser *Titulus* ist enorm wichtig. Er zeigt uns nämlich an, dass das Totenhaus 6000 Sesterzen gekostet hat, das war damals das fünffache Jahresgehalt eines kaiserlichen Beamten. Aber was noch viel wichtiger ist: Der Verstorbene wollte – so steht es hier – »beim Circus« beigesetzt werden. Das ist also ein schriftlicher Beweis, dass der Circus des Nero wirklich existiert hat.

Gibt es eine Schätzung, wie weit die Nekropole in diese Richtung dort weitergeht?

Man hat keine schriftliche Quelle, aber Teile entlang des Tibers und der nahe liegenden Stadtausfahrtsstraßen wurden damals wohl als Friedhofszone genutzt. Es gibt dort ja auch die Engelsburg, also das Mausoleum von Kaiser Hadrian.

Das heißt also: Unterhalb des gesamten Petersplatzes und auch die komplette Via Conciliazione hinunter bis zum Tiber, befinden sich lauter unterirdische, zugeschüttete Mausoleen?

Höchstwahrscheinlich ja!

Wie ging es Ihnen, als Sie zum ersten Mal in diese Totenstadt kamen?

Als Besucherin war ich zutiefst beeindruckt. Und ich muss auch sagen: Es reicht nicht aus, nur ein einziges Mal zu kommen. Es ist eine Zeitreise, die man macht. Und man muss sich auch auf diese Zeitreise einlassen, um das ganze Ausmaß hier überhaupt wahrnehmen zu können. Wir haben ja die Petersbasilika über uns, darunter sind die Grotten. Und ganz unten, da wo wir jetzt stehen, ist der Friedhof. Das heißt, wir haben drei Ebenen, und zwischen diesen drei Ebenen haben wir 2000 Jahre Geschichte. Und 2000 Jahre Geschichte während einer einstündigen Führung auf- und wahrzunehmen, das ist nicht ganz leicht.

Und Ihre Gedanken, wenn Sie eine Führung machen?

Nun ja, es ist nicht immer einfach, das Ganze den Leuten nahezubringen, die ja aus verschiedensten Ländern kommen – mit unterschiedlichen Erwartungen und Wissensständen. Es sind auch nicht alle Besucher römisch-katholisch – was sie natürlich auch nicht sein müssen, jeder ist herzlich willkommen! Aber das Interessanteste sind die Reaktionen der Besucher.

Welche Reaktionen gibt es denn?

Einige Leute verstehen überhaupt nicht, wo sie sind, und manche wollen unbedingt ihre negative Einstellung zur katholischen Kirche demonstrieren. Dann gibt es natürlich auch Pilger, die beten und singen. Einige Besucher sind inhaltlich extrem gut vorbereitet. Es kommen aber auch Leute, die sich eigentlich gar nichts erwarten. Das sind übrigens oft die, die am Ende der Führung am stärksten bewegt sind. Gerade bei diesen Gruppen muss man – wenn man bei den Reliquien des Petrus steht – meist nicht um einen Moment der Stille bitten, der kommt dann ganz automatisch.

Was ist eigentlich die meistgestellte Frage hier unten?

»Ist es sicher, dass das hier das Petrusgrab ist?«

Gibt es darauf eine eindeutige Antwort?

Es gibt eine klare Antwort: Hier ist das Petrusgrab. Man muss dazu sagen: Kein anderer Ort, kein anderes Land hat jemals für sich beansprucht, das Petrusgrab zu haben. Auch die archäologische Evidenz der Ausgrabungen bestätigt das. Sie haben ja gezeigt, dass um jenes schlichte Erdgrab viele Gräber angelegt worden sind. Damit hat man dessen Wichtigkeit hervorgehoben. Und das Ganze wird noch einmal stärker untermauert durch den Bau des sogenannten Tropaions über dem Grab, das wir gleich noch sehen werden. Dadurch konnte es von allen anderen Gräbern unterschieden werden. Und man darf nicht vergessen: Wir haben ab dem zweiten Jahrhundert ja auch noch Inschriften und schriftliche Quellen, die explizit auf das Petrusgrab hinweisen. Wenn man dazu noch bedenkt, dass seit knapp 2000 Jahren die Leute immer an den gleichen Ort kommen, um das Petrusgrab zu besuchen – dann kann und darf man auch diese Tradition nicht unterschätzen.

Die original erhaltene rote Farbe wurde aus kostbaren Purpurschnecken hergestellt. Ein Hinweis darauf, wie reich die Totenhaus-Besitzer waren.

Und so gehen Frau Dr. Mair und ich weiter in Richtung des Ortes, der seit zwei Jahrtausenden als Grab des Petrus verehrt wird.

Übrigens, falls Sie diese Führung – hoffentlich sehr bald – selbst erleben, werden Sie mir vermutlich Recht geben: Trotz der exzellenten Erklärungen wird es an dieser Stelle ziemlich verwirrend. Die verschiedenen Schichten, Altäre, Mauern, Gräber und Säulen rund um das vermutete Petrusgrab auseinander-zuhalten ist ziemlich kompliziert. Zu viel wurde über die Jahrhunderte um und angebaut, als dass man sofort eine klare Vorstellung davon hätte, wo genau sich das Petrusgrab lokalisieren lässt.

Hier sind wir jetzt aber schon sehr nah dran, oder?

Ja, dort hinten ist das sogenannte Tropaion des Gaius, das erste Monument über dem Petrusgrab aus der Mitte des 2. Jahrhunderts. *Tropaion* bedeutet eigentlich »Siegessäule«, gemeint ist aber die Ädikula über dem Grab. Gaius war ein Priester, und er erwähnt dieses Monument zum ersten Mal in einem Brief. Darin geht es um die Frage, wer denn nun den rechten Glauben habe: die Menschen in Rom oder die in Kleinasien, der heutigen Türkei. Gaius schreibt: »In Rom, weil ich Dir hier die *Tropaia* der Apostel zeigen kann, die die Kirche gegründet haben.« Er meinte damit das Paulusgrab – und natürlich auch das Petrusgrab hier. Dort hinten, in einer kleinen Schatulle, sind die vermuteten Gebeine des Petrus enthalten.

Ein unfassbar spannender Ort. Aber so unglaublich komplex ...

Ja, tatsächlich. Wir sind hier beim Grab des Petrus, darüber ist das *Tropaion*, darüber wiederum der Papstaltar, dann der Baldachin und oben die Kuppel von Sankt Peter – eine gerade Linie von 136,5 Metern. Und das ist sehr wichtig zu verstehen: Diese Linie geht von genau hier unten bis ganz nach oben. Ohne das schlichte Erdgrab des Petrus würde es die Basilika nicht geben. Hier unten ist der Ausgangspunkt für alles!

Was?

Den Ort besuchen, der seit 2000 Jahren als das Grab des Apostels Petrus verehrt wird. Die Nekropole war 1600 Jahre lang verschüttet und wurde erst ab 1939 wieder freigelegt. 70 Meter der Ausgrabungen mit insgesamt 22 faszinierenden Mausoleen können besucht werden.

Wie, wo und wann?

Für den Besuch der Scavi brauchen Sie eine Reservierung. Zur Hochsaison empfiehlt sich eine Anfrage bereits einige Wochen vor dem gewünschten Termin – mit den Namen der Teilnehmenden, der gewünschten Sprache der Führung sowie dem präferierten Zeitraum.

Mein Tipp: Sollten Sie z.B. eine Woche in Rom sein, geben Sie – wenn möglich – den gesamten Zeitraum an und bauen Sie Ihren restlichen Rombesuch später drumherum. Das erhöht die Chancen, ein Ticket zu bekommen. Einzelreisende können sich auch direkt beim Ufficio Scavi vor Ort nach Resttickets erkundigen. Auch hier ist es von Vorteil, zeitlich flexibel zu sein und evtl. auch an einer Führung auf Englisch teilzunehmen.

Um zu den Scavi zu gelangen, müssen Sie bei den Schweizergardisten links der Kollonaden – am Cancello Petriano – Ihre Reservierung vorzeigen. Seien Sie spätestens zehn Minuten vor Führungsbeginn vor Ort!

- Ufficio Scavi | 00120 Città del Vaticano
  Tel. +39 06 69 88 53 18
  Fax +39 06 69 87 30 17
  www.scavi.va
  Anmeldung via Website oder per E-Mail:
  scavi@fsp.va oder uff.scavi@fabrisp.va
  Montag–Freitag 9-18, Samstag 9–17 Uhr
  13 Euro pro Person

Im Anschluss an die Führung zeigt mir Frau Dr. Mair noch das Modell des Petrusgrabes.

UNNÜTZES PARTYWISSEN RUND UM GESEGNETE SCHAFE UND DIE AGNES-LEGENDE

Auf dem Weg zu den Papstgräbern im Petersdom kann man einen Blick in die *Confessio* werfen, den Bereich direkt unterhalb des Papstaltars. Dort ist vor einem byzantinischen Christusmosaik die Palliennische zu sehen, in der am 28. Juni, dem Vortag des kirchlichen Hochfestes Peter und Paul, die sogenannten Pallien ausgelegt werden. Diese weißen Wollstolen mit aufgestickten Kreuzen werden den neuen Metropoliten (Erzbischöfe, die auch Leiter von Kirchenprovinzen sind) vom Papst als Zeichen der Würde, aber auch der Bürde verliehen. Durch Aufbewahrung in der Nische werden die Pallien zu Berührungsreliquien. Die Wolle für die Pallien kommt übrigens von ganz besonderen, nämlich gesegneten Schafen, die am 21. Januar, dem Tag der Heiligen Agnes, geschoren werden. Warum Agnes? Der Heiligenlegende nach soll die erst zwölfjährige Agnes mit einem Schwertstich durch die Kehle getötet worden sein, so wie man Lämmer tötet. Auch ähnelt der Name Agnes dem lateinischen *agnus* – Lamm. Traditionell dürfen nur die Nonnen des Klosters Santa Cecilia in Trastevere aus der Wolle der gesegneten Schafe neue Pallien weben.

TIPPS

UNTERIRDISCHE ABENTEUER

Mehr als 60 Katakomben gibt es in der Ewigen Stadt, sie gehören zu den erstaunlichsten und besterhaltenen Komplexen der antiken Welt. Doch nur einige von ihnen können besichtigt werden: die **Calixtus-, Sebastian- und Domitilla-Katakomben** an der Via Appia Antica sowie die **Priscilla-Katakomben** im Norden der Stadt – dort findet man übrigens die älteste Marien-Darstellung überhaupt. Doch falls Sie nicht extra in die engen unterirdischen Gänge hinabsteigen möchten, hier noch einige Tipps, die quasi auf dem Weg liegen.

Weltweit einmalig: McDonald's mit 2400 Jahre alter Mauer!

Schnell einen Burger zur Stärkung zwischendurch? Selbst das kann in Rom zu einem archäologischen Erlebnis werden: Durch die McDonald's-Filiale im Untergeschoss des Hauptbahnhofs Termini zieht sich ein antikes Bollwerk, 2400 Jahre alt: die **Servianische Mauer.** Sie besteht aus vulkanischem Tuffstein, war stellenweise bis zu zehn Meter hoch, ursprünglich elf Kilometer lang und diente als römische Verteidigungsbarriere. Stellen Sie sich vor: Diese starke, tapfere Mauer hat die Irrungen und Wirrungen von gut zweieinhalb Jahrtausenden

Die Schwimmer sind nur aufgemalt, das Wasser fließt aber ganz real durch das Aquädukt im Kaufhaus La Rinascente.

überstanden. Und heute kann man an ihr – nun ja ... Fast Food bestellen. Ein bisschen traurig ist das schon, aber die Ironie der Geschichte macht eben vor keiner Mauer halt, und sei sie noch so hoch. Darauf ein Happy Meal.

Glühende Kreditkarte? Kein Problem: Löschwasser vorhanden!

Und noch schnell ein »unterirdischer« Tipp für alle Shopping-Queens und -Kings! An der Via del Tritone steht das Edelkaufhaus **La Rinascente,** das übrigens auch eine tolle Rooftop-Bar hat. Doch die eigentliche Sensation befindet sich im Untergeschoss: eine antike Wasserleitung, die **Acqua Vergine.** Sie stammt ursprünglich aus dem Jahr 19 v. Chr. und bringt noch immer frisches Wasser aus dem Umland Roms zum weltberühmten Trevi-Brunnen. Alle 15 Minuten gibt es am Aquädukt eine erklärende Lightshow, die Sie vom kleinen Café aus ganz gemütlich anschauen können.

Kirchen im Lasagne-Prinzip: immer schön eine Schicht auf die andere!

Schon beim Petersdom haben wir ja gesehen, dass es in Rom völlig normal ist, Gebäude auf den Resten anderer zu errichten. Wenn man Glück hat, sind alle Schichten noch intakt. In der **Basilika San Clemente** zum Beispiel, in der Nähe des Kolosseums, kann man eine spannende Zeitreise unternehmen: Es geht hinab durch verschiedenste Ebenen in ein christliches Wohnhaus aus dem 1. Jahrhundert, rund 20 Meter unterhalb des heutigen Straßenniveaus. Ähnlich beeindruckend ist der Untergrund der Kirche **Santi Silvestro e Martino ai Monti:** Riesenhafte Räume einer frühchristlichen Hauskirche sind hier mit erstaunlichen Fresken verziert. Und auch in Trastevere eröffnen sich unterhalb der **Basilika San Crisogono** unerwartete Welten mit uralten Wandmalereien, die von Ihnen entdeckt werden wollen.

Mit Alessia Caruso Fendi im Himmel – zumindest im entsprechenden Raum der Ausstellung in der rhinoceros gallery.

9

Moderne Kunst im Herzen Roms

Das Rhinozeros für die Kunst, der bissige Wahrheitsmund und ein Heiliger für Liebende

Rund ums Forum Boarium

Rom und moderne Kunst, das passt nicht zusammen? Oh doch, sehr gut sogar. Denn genau dort, wo Rom geboren wurde, gibt es eine neue Galerie, in der spannende Kunst der Moderne gezeigt wird. Kostenlos. Und einen atemberaubenden Blick über das antike Rom bekommen wir frei Haus dazu.

Aber dieser Ausflug wird uns auch durch die Jahrhunderte der römischen Geschichte führen: Wir erkunden ein unterirdisches Heiligtum, berühren einen uralten Lügendetektor, besuchen den »Erfinder« des Valentinstags und treffen uns auf Kunst und Kaffee mit einer jungen Mäzenin, die einer der einflussreichsten römischen Familien entstammt. Neugierig geworden? *Andiamo!*

Vorsicht, bissiger Mund!

Wir beginnen diesen Ausflug an einem Ort, der bei einem Rombesuch einfach als *Must-see* gilt. Und deshalb drängeln sich hier, in der Vorhalle der Kirche Santa Maria in Cosmedin, auch immer Touristen aus der ganzen Welt. Alle wollen die *Bocca della verità* sehen, den mysteriösen Wahrheitsmund. Sie kennen sicherlich auch diese weltberühmte kreisrunde Marmorplatte mit Augen, Nase und eben jenem Mund, der angeblich als Lügendetektor dient. Der Legende nach soll man nur die Wahrheit – und nichts als die Wahrheit – sagen können, wenn man seine Hand hineinlegt. Ansonsten beißt der Mund nämlich zu.

In einer anderen Version der Geschichte wird allerdings grundsätzlich jedem die Hand abgebissen, der irgendwann in seinem Leben schon mal gelogen hat. Wow, wenn das wirklich wahr wäre … wie viele abgebissene Hände müssten da schon hinter dem Stein liegen? Falls Sie das gerade auch gedacht haben, lachen Sie lieber nicht allzu laut. Denn der Hintergrund der Legende ist nicht ganz so erfreulich: Es heißt, im Mittelalter hätte hinter der Marmorplatte ein Henker gelauert. Mit erhobenem Beil, um Delinquenten tatsächlich die Hand abzuhacken. Heute geht die Gefahr am Wahrheitsmund allerdings wohl nicht mehr von einem ruchlosen Messermann aus, sondern eher von Bakterien und Viren.

Aber was genau ist dieses kreisrunde Gesicht eigentlich? Einige behaupten, es sei Teil eines alten Herkulesaltars, der früher an dieser Stelle stand. Eine andere Theorie besagt, dass es sich um einen rund 2000 Jahre alten Kanaldeckel der Cloaca Maxima – also der großen römischen Kanalisation – gehandelt haben könnte.

Demzufolge hätte die Marmorplatte also auf dem Boden gelegen, und das Regenwasser wäre durch Augen, Nasenlöcher und Mund in den Untergrund gelangt. Aber egal, welche Geschichte stimmt, der antike Lügendetektor sorgt heute auf jeden Fall für schöne Erinnerungsfotos – und bei manchen Menschen wohl auch für ein bisschen Gänsehaut.

Östliche Liturgie in arabischer Sprache

Ich treffe mich mit Bruder Thomas, einem befreundeten Kapuzinerbruder aus Deutschland, der den Wahrheitsmund genau inspiziert, dann zum Test seine Hand in den berüchtigten Schlund steckt – und sie heil wieder herauszieht. »Nochmal Glück gehabt!«, lacht er fröhlich. »Komm Stefan, lass uns in die Kirche gehen, die ist echt hochspannend.«

Und wie recht er doch hat: Unter den Hunderten Kirchen Roms ist diese hier wirklich außergewöhnlich. Nicht nur wegen des unglaublich schönen Kosmaten-Fußbodens, des kunstvoll gedrehten Osterleuchters und der Fresken aus dem 12. Jahrhundert … nein, diese Kirche ist auch deshalb etwas Besonderes, weil hier Ost und West zusammenkommen.

Er wagt es: Bruder Thomas legt seine Hand in den Wahrheitsmund.

»Wenn die Menschen ›katholische Kirche‹ hören«, erklärt mir Bruder Thomas, »dann denken sie natürlich an den Papst und an die Liturgie in unserem westlichen Ritus. Überrascht sind viele aber, dass es unter dem Dach der katholischen Kirche auch östliche Traditionen gibt. Und genau das ist hier der Fall. Hier wird die Messe im byzantinischen Ritus gefeiert, in arabischer Sprache. Das klingt für einige westliche Ohren vielleicht zuerst ein bisschen ungewohnt, ist aber ›katholisch‹ im besten Wortsinn. Denn ›katholisch‹ bedeutet nichts anderes als ›das Ganze umfassend‹.«

Und so lerne ich, dass die Glaubensgemeinschaft hier »melkitische griechisch-katholische Kirche« heißt. De-

Der Originalschädel des Heiligen Valentin ...

ren Mitglieder haben zwar ein eigenes Kirchenoberhaupt, den Patriarchen von Antiochien. Sie akzeptieren aber auch den Papst in Rom. Es ist eine sogenannte »mit Rom unierte Kirche«. Und so bringen die Melkiten ihre östlichen Riten mit ins große katholische Gefäß, das wohl vielfältiger ist, als die meisten vermuten dürften. Falls Sie Zeit und Lust haben, an einer Messe im byzantinischen Ritus teilzunehmen, mit all den fremden Gesängen und Ritualen – ich empfehle Ihnen: Machen Sie's unbedingt.

Ursprung des Valentinstages

»Wenn wir jetzt noch eine Etage tiefer gehen, Stefan, dann kannst Du sehen, wie hier in Rom viele Kirchen einfach auf andere Heiligtümer draufgesetzt wurden«, verspricht mir Bruder Thomas. Gegen eine kleine Spende öffnet ein freundlicher älterer Herr eine Tür zur Krypta der Kirche. Durch einen engen Gang steigen wir hinab in die Unterkirche aus dem 8. Jahrhundert, sehen Überreste des Tempels des Hercules Pompeianus aus dem 4. Jahrhundert, genauso wie mehrere Nischen, in denen später die Reliquien christlicher Märtyrer deponiert wurden.

Unglaublich, denke ich bei mir, dass das hier alles noch erhalten geblieben ist und besucht werden kann – eine erstaunliche Zeitreise in die Vergangenheit! »Aber ganz ehrlich«, sagt Bruder Thomas, während wir die Stufen wieder hinaufsteigen, »wenn diese Kirche durch den Wahrheitsmund nicht sowieso schon so viele Besucher anziehen würde, dann könnte man mit *ihm* hier auch noch ziemlich gut Werbung machen.« Dabei deutet er auf eine der linken Seitenkapellen.

Wir gehen näher heran. In einem Glaskästchen mit goldenem Rand liegt ein menschlicher Schädel, geschmückt mit einem Blumenkranz. »Darf ich vorstellen, der Heilige Valentin von Terni. Oder auch: Valentin von Rom – manche Überlieferungen vermischen oder überlagern sich über die Jahrhunderte. Er war ein Priester, der ein blindes Mädchen geheilt haben soll. Außerdem hat er Ratsuchenden oft

Blumen aus seinem Garten geschenkt, deshalb wohl auch der Blumenkranz um seinen Schädel.«

»Und«, so fährt Bruder Thomas fort, »er hat Liebespaare christlich getraut, obwohl Kaiser Claudius II. das unter Strafe gestellt hatte. Das hat ihm, so besagt die Heiligenlegende, den Märtyrertod eingebracht – am 14. Februar des Jahres 269.«

Ich muss Thomas recht geben: Wenn all die Touristen draußen beim Wahrheitsmund wüssten, dass sich nur wenige Meter von ihnen entfernt der Grund befindet, warum sie sich jedes Jahr am 14. Februar – dem Valentinstag – Blumen und Liebesschwüre schicken … sie würden vermutlich mal vorbeikommen und Hallo sagen.

... und die Rekonstruktion seines Gesichts

Obwohl der Heilige zugegebenermaßen nicht mehr ganz so frisch aussieht – kein Wunder nach rund 1750 Jahren. Aber ein Hoch auf die moderne Technik: Der brasilianische 3D-Designer Cicero Moraes hat kürzlich anhand dieses Schädels mittels der sogenannten forensischen Gesichtswiederherstellung ein Bild des Heiligen Valentin geschaffen. Es zeigt einen bärtigen Mann mit freundlichen Augen. Den weltberühmten Liebesheiligen wieder zum Leben erwecken – zumindest per 3D-Technik heutzutage überhaupt kein Problem.

Kraftwerk in der Nashorn-Kunstgalerie

Apropos Altes und Neues verbinden: Ich hatte Ihnen ja »moderne Kunst *for free*« versprochen und einen fantastischen Ausblick auf das antike Rom. Bruder Thomas hat leider keine Zeit mehr, mich zu begleiten, er ist noch mit seinen Brüdern im Kapuzinerkloster an der Via Veneto verabredet (dort werden uns später noch Kronleuchter aus Knochen begegnen, siehe S. 158). Wir verabschieden uns herzlich, und ich gehe weiter in Richtung der rhinoceros gallery. Die liegt nur wenige Schritte von Santa Maria in Cosmedin entfernt, direkt neben dem Janusbogen aus dem 4. Jahrhundert.

Die rhinoceros gallery arbeitet eng mit der Fondazione Alda Fendi zusammen. Ja, richtig gehört: Fendi. Die Weltmarke für Luxusgüter. Bekannt vor allem für hochwertige (und hochpreisige) Handtaschen, Schuhe und andere Lederwaren. Gegründet wurde das Fendi-Imperium hier in Rom im Jahr 1925 von Adele und Edoardo Fendi. Sie hatten fünf Töchter, und eine von ihnen, Alda Fendi, rief 2001 eine Stiftung für moderne Kunst ins Leben.

Meine sehr sympathische Verabredung für den heutigen Nachmittag ist die Tochter eben jener Alda Fendi: Alessia Caruso Fendi, die Direktorin der rhinoceros gallery – eine gut aussehende, fröhliche Frau, die gerade um die Ecke biegt und mir freundlich zuwinkt. »Stefano? Benvenuto, herzlich willkommen. Komm, ich zeige Dir die Galerie und unsere aktuelle Ausstellung… aber Du hörst sie ja eigentlich schon.« Tatsächlich: Dumpfe Bässe wummern aus dem ersten Ausstellungsraum.

»Kann es sein, dass mir dieser Sound irgendwie bekannt vorkommt?«, frage ich Alessia ein bisschen irritiert. Sie lacht. »Ja, der sollte Dir auch bekannt vorkommen, es sind schließlich Deine Landsleute, aus Düsseldorf!« Tatsächlich. Was da so wummert, ist der Sound von Kraftwerk, einer der bekanntesten deutschen Bands aus den 1970ern. Kraftwerk gilt als weltweit einflussreichste Band für Elektropop. So einflussreich sogar, dass die Düsseldorfer von der renommierten »New York Times« als die »Beatles der elektronischen Tanzmusik« bezeichnet wurden.

Die Direktorin am namengebenden Nashorn der rhinoceros gallery

Hölle, Himmel und die Liebe

Hier in diesem dunklen Raum – der nur von diversen Video-Screens mystisch erleuchtet wird – geht es um eine moderne Interpretation der Hölle. »Eine Hölle, wie sie in der ›Göttlichen Komödie‹ unseres großen italienischen Poeten Dante Alighieri beschrieben wurde. Auf den Video-Screens siehst Du die Worte ›Tschernobyl‹ und ›Fukushima‹, das sind die modernen Formen des Infernos.« Ich muss Alessia recht geben, denn an beiden Orten konnte ich während meiner Drehreisen schon mit eigenen Augen sehen, wie verheerend eine atomare Katastrophe für Mensch und

Der Himmel in Dantes »Göttlicher Komödie« –
wie ihn der Künstler Raffaele Curi sieht.

Natur werden kann. »Aber hey!«, sagt Alessia voller Energie, »was wäre wohl unser
Dante und seine ›Göttliche Komödie‹ ohne das Paradies, den Himmel? Den gibt's
ein Stockwerk höher.«

Über eine Treppe führt mich Alessia in einen blauen Raum, der so strahlend
schön ist und eine solche Ruhe und Reinheit ausstrahlt, dass ich sofort merke, wie
sich mein Herzschlag beruhigt. Auf blauem Grund sind mehrere gelbe Sonnen zu
sehen, auf der großen Rückwand steht der letzte Vers aus Dantes »Göttlicher Komödie«: »L'amor che move il sole e l'altre stelle«. »Ja, und stimmt das etwa nicht?«,
fragt mich Alessia. »Dass es die Liebe ist, die die Sonne und die anderen Gestirne
bewegt?« Ich muss sofort an den Heiligen Valentin denken, der nur wenige Meter
von hier entfernt liegt. Er hätte diesen Satz wohl augenblicklich unterschrieben.

Was für eine unglaubliche Mischung, oder? Sankt Valentin aus dem 3. Jahrhundert, Dante Alighieri kam rund 1000 Jahre später, die Jungs von Kraftwerk nochmal
fast 700 Jahre danach. Und trotzdem sind hier alle in gewisser Weise vereint. An
diesem Ort, der als Geburtsstätte Roms gilt.

Die Dachterrasse der rhinoceros gallery bietet einen grandiosen Blick auf das Zentrum des antiken Roms.

Rindermarkt und ein weiter Ausblick

»Dieses Areal Roms wird als Forum Boarium bezeichnet. Der Name kommt vom lateinischen Wort *bos,* was ›Rind‹ bedeutet. Es war früher also ein Marktplatz und der älteste Teil Roms. Eine unglaublich spannende Stelle, mitten im Herzen der Stadt«, so lerne ich von Alessia. »Lass uns mal hochgehen aufs Dach. Dort gibt es unser Restaurant mit tollem Essen. Und ich glaube«, fügt sie schmunzelnd hinzu, »dass Dir auch der Ausblick gefallen könnte.«

Gefallen ist stark untertrieben. Von hier oben hat man einen spektakulären Rundumblick auf das Herz des antiken Roms: hier der alte Marktplatz, das Forum Boarium. Wenige Meter davon entfernt der imposante Janusbogen. Dann dort hinten das Forum Romanum, einst Zentrum der Welt, neben dem berühmten Kapitolshügel. Auf der anderen Seite sieht man das jüdische Viertel mit seiner beeindruckenden Synagoge, und in der gleichen Blickachse wächst weiter hinten die Kuppel des Petersdoms majestätisch in die Höhe.

Von hier oben aus liegt einem Rom zu Füßen … und trotzdem kennen bislang nur relativ wenige Römer und Touristen diese Kunstgalerie inklusive Rooftop-Restaurant und Cocktailbar. Noch immer ist dieser Ort ein echter Geheimtipp.

Im Gespräch mit Alessia Caruso Fendi

Alessia, das hier ist wirklich ein ganz besonderer Ort. Wahrscheinlich ziemlich unerwartet für die meisten?

Ja, das stimmt. Und ein wenig stolz bin ich schon darauf, was wir hier geschaffen haben. Meine Mutter hat das Fendi-Business vor 20 Jahren verlassen. Aber sie hatte immer den Traum, einen Teil ihres Lebens der Kunst und der Schönheit zu widmen.

Kunst und Schönheit, das sind doch genau die richtigen Elemente für das Modebusiness!

Definitiv. Meine Mutter hat die Nähe zu Künstlern immer sehr geschätzt. Karl Lagerfeld war 54 Jahre lang unser Chefdesigner für Damenmode, ein fantastischer Künstler. Er hat seine ganze Kultur, sein ganzes Herz in die Kreationen hineingelegt. Außerdem arbeiten wir schon seit Jahren mit dem bekannten Künstler Raffaele Curi zusammen. Mit ihm haben wir jahrelang Performances und Kunstinstallationen verwirklicht, zuletzt im Forum Romanum. Diese Shows waren für die Besucherinnen und Besucher natürlich immer kostenlos.

Eintritt frei – genau wie hier in der rhinoceros gallery. Das ist schon ungewöhnlich für einen Ort, der hochkarätige internationale Kunst zeigt.

Meine Mutter meint, dass jedermann kostenfreien Zugang zu Kunst haben sollte. Und Du musst wissen, dass die Fendi-Familie schon immer sehr verbunden mit Rom war. Keine der fünf Fendi-Schwestern hat Rom verlassen. Wenn Du meine Mutter fragen würdest: Sie möchte nur hier in Rom leben, es gibt für sie nur Rom in der Welt. (Alessia lacht.) Es war ein großes Glück, dass wir diesen Palast aus dem 17. Jahrhundert kaufen konnten, um an einem so zentralen Ort Kunst zu zeigen. Das Gebäude war ziemlich heruntergekommen. Viele der Familien, die hier lebten, wollten sowieso gehen, weil es sogar gefährlich war, hier zu wohnen. Und deshalb machte meine Mutter einen Deal mit ihnen.

Sie wurden also nicht einfach auf die Straße gesetzt...

Nein, nein. Die Familien bekamen genug Geld, um in anderen Häusern zu leben. Und dann rief meine Mutter Jean Nouvel an, den weltberühmten französischen Architekten, und sagte zu ihm: Ich möchte in diesem Gebäude vor allem Kunst sehen! Und Kunst heißt ja auch leben, essen, trinken, genießen – all das gehört zusammen. Und so ist auf der Dachterrasse auch dieses Restaurant entstanden, das zur Galerie gehört. Jeder, der das Restaurant besucht, kann sich vorher auch die Kunst anschauen.

Dieses Haus ist sogar eine Kooperation mit der weltberühmten Eremitage in Sankt Petersburg eingegangen. Wie läuft das ganz konkret ab?
Das ist wirklich fantastisch. Wir leihen von dort immer wieder Meisterwerke aus, einzigartige Exponate. Wir hatten schon eine Statue von Michelangelo hier, auch ein Bild von El Greco. Wir sind gerade in Gesprächen über ein ganz besonderes Exponat. Ich darf noch nicht verraten, worum genau es geht, aber drück' uns mal die Daumen.

Das mache ich natürlich sehr gerne. Denn wenn Sie nach der Lektüre dieses Buches hoffentlich direkt die Koffer packen, werden Sie ja schon bald in den Genuss kommen, das Eremitage-Meisterwerk zu bewundern. Besuchen Sie die rhinoceros gallery auf jeden Fall, es lohnt sich. Und: Der Eintritt ist immer frei. Hier gibt es keine Dauerausstellung, immer wieder wird etwas Neues gezeigt. Das heißt, wenn Sie dieses Kapitel lesen, werden die Kraftwerk-Beats und die moderne Version von Dantes »Göttlicher Komödie« schon nicht mehr vor Ort sein. Dafür erwarten Sie aber natürlich andere spannende Meisterwerke. Und, ach ja: Der Wahrheitsmund und der Heilige Valentin freuen sich natürlich auch über Ihren Besuch.

Genauso wie übrigens Kapuzinerbruder Thomas. Der wohnt im baden-württembergischen Stühlingen in einem »Kloster zum Mitleben«. Sollten Sie einmal dort hinfahren und einige Tage im Kloster verbringen, richten Sie ihm bitte herzliche Grüße von mir aus. Er ist ein unglaublich offener, herzlicher und inspirierender Mensch. Mit ihm können Sie wunderbar reden – nicht nur über Rom, den Heiligen Valentin, byzantinische Riten und den Wahrheitsmund. Sondern vor allem auch über Gott – und die Welt (www.kapuziner.de/stuehlingen).

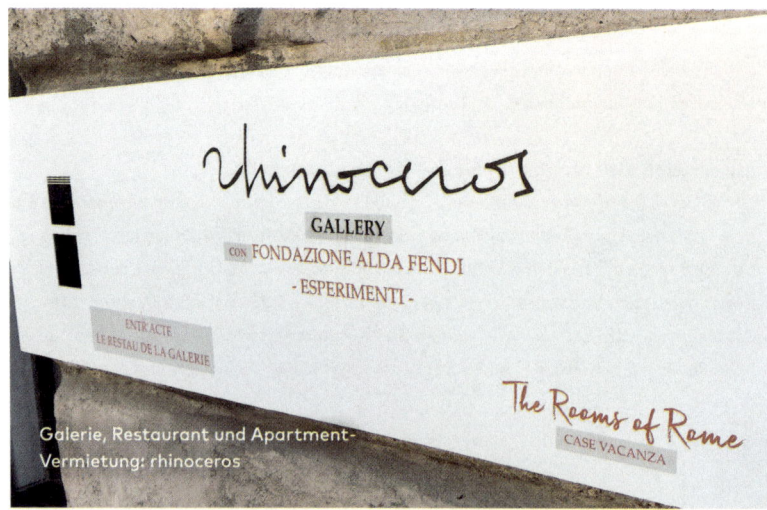

Galerie, Restaurant und Apartment-
Vermietung: rhinoceros

Der Arco di Giano (Janusbogen) aus dem 4. Jahrhundert. Forscher gehen heute davon aus, dass das Monument eine überdachte Straßenkreuzung war; ein Treffpunkt für Händler, die das Bauwerk auch als Unterstand nutzen konnten.

Was?

Kostenlos moderne Kunst erleben – am Geburtsort Roms in der rhinoceros gallery.

Wo?

rhinoceros gallery

- Via dei Cerchi 19–23 | 00186 Roma
  An der Piazza Bocca della Verità gelegen, zwischen dem Janusbogen und der Kirche Santa Maria in Cosmedin
  Tel. +39 340 643 0435
  www.rhinocerosroma.com
  E-Mail: info@rhinocerosroma.com
  Instagram: @rhinocerosgallery

Das Restaurant **Entr'acte** befindet sich auf der Dachterrasse. Ausgezeichnetes Essen, allerdings eher hochpreisig. Auch von der Cocktailbar aus hat man einen tollen Ausblick.

- www.rhinocerosentracte.com
  Instagram: @rhinoceros_entracte

Es werden 25 außergewöhnliche, von Stararchitekt Jean Nouvel designte **Apartments** innerhalb der Galerie vermietet. Man versteht sich zwar nicht als Hotel, trotzdem ist eine Anmietung von nur einer Nacht möglich – bis zur Langzeitmiete von drei Monaten.

- hospitality@rhinocerosroma.com
  Tel. +39 066 784 467

Wann?

- Dienstag–Sonntag 11–24 Uhr
  Eintritt frei!

AUSSERDEM NICHT VERPASSEN

Falls die Warteschlange an der *Bocca della verità* nicht allzu lang ist, können Sie in der Vorhalle der Kirche Santa Maria in Cosmedin ein klassisches Rom-Erinnerungsfoto mit der Hand im Marmorschlund schießen. In einer der linken Seitenkapellen liegt das Haupt von Sankt Valentin, des Schutzheiligen der Liebenden. Die melkitische griechisch-katholische Kirche zelebriert hier Messen im byzantinischen Ritus. Gegen eine kleine Spende erhält man Zugang zur Krypta mit heidnischen Tempelresten aus dem 4. Jahrhundert. Im Souvenirladen (direkt rechts nach dem Eingang zur Kirche) findet sich ein weiteres Highlight: ein kostbares Mosaikfragment aus dem Jahr 706, das die Anbetung der Heiligen Drei Könige zeigt, geschaffen für Alt-Sankt-Peter, die Vorläuferkirche des heutigen Petersdoms.

Basilica Santa Maria in Cosmedin
- Piazza Bocca della Verità 18
  00186 Roma
  Tel. +39 06 67 87 759
  www.cosmedin.org
  E-Mail: rettore@cosmedin.org
- Geöffnet täglich 9.30–17.50 Uhr, heilige Messe im byzantinischen Ritus: Sonntag 10.30 Uhr

TIPPS

NOCH MEHR KUNST

Rom ist eine einzige große Schatztruhe, mit unzähligen Museen von Weltruhm. Bitte besuchen Sie unbedingt die **Vatikanischen Museen:** Alleine dort könnten Sie locker mehrere Tage verbringen und hätten doch längst nicht alles gesehen. Eins steht fest: Wer nie die **Sixtinische Kapelle** bestaunte, der hat Rom nicht richtig erlebt! Auch die eindrucksvollen **Kapitolinischen Museen** verwahren Schätze von Weltrang. Und wer durch die spektakuläre **Engelsburg** - das Mausoleum Kaiser Hadrians - spaziert ist, wird dieses Erlebnis nie wieder vergessen. Außerdem sehens- bzw. hörenswert: Die **Galleria Doria Pamphilj,** denn dort führt Sie der Hausherr höchstpersönlich im Audioguide durch die beeindruckenden Prunkräume seines Hauses. Und dann sind da ja noch: **Palazzo Colonna, Villa Farnesina, Palazzo Barberini, Galleria Spada, Palazzo Altemps, Centrale Montemartini** (antike Skulpturensammlung in einem ehemaligen Kraftwerk, Bild S. 203) ... die Liste der unbedingt besuchenswerten Museen in Rom hört einfach nicht auf.
- Guter Tipp: Am jeweils ersten Sonntag des Monats heißt es »Eintritt frei« in allen staatlichen Museen Roms!

Doch sollten Sie nur kurz in Rom sein und sich (neben den Vatikanischen Museen natürlich!) für ein einziges anderes Museum entscheiden müssen, dann ist mein Vorschlag: Gehen Sie in die **Galleria Borghese**. Dort finden Sie eine der berühmtesten und wertvollsten Kunstsammlungen der Welt. Und es gibt – meiner bescheidenen Meinung nach – kein anderes Museum auf der Welt, das so atemberaubend ist wie dieses. Oft komme ich hierher, um mein persönliches Lieblingskunstwerk anzuschauen: Berninis lebensgroße barocke Marmorskulptur **Apoll und Daphne**.

In ihr fängt Bernini genau jenen dramatischen Moment ein, als der Gott Apoll nach der Nymphe Daphne greifen will, doch sie verwandelt sich in einen Lorbeerbaum. Ihre Zehen werden zu Wurzeln, die Finger zu Blättern, ihr schöner Körper wächst mit Rinde zu, sodass Apoll sie nicht mehr greifen kann. Schauen Sie sich einfach mal das Blattwerk an Daphnes Händen an: Das Licht schimmert durch die hellen, hauchdünnen Blätter hindurch, man kann sogar allerfeinste Blattadern erkennen. Obwohl diese Skulptur doch nur aus totem Marmor besteht, wirkt sie so unglaublich dynamisch und voller Leben. Besuchen Sie Apoll und Daphne! Ich wette, diese beiden werden auch Ihnen nicht mehr aus dem Kopf gehen.

- **Piazzale Museo Borghese 5**
  00197 Roma
- **Für den Besuch müssen Sie unbedingt einen Timeslot reservieren: www.galleriaborghese.benicultu rali.it**

Berninis Marmorskulptur
»Apoll und Daphne«

Dass die Deckenlampe aus menschlichen Knochen besteht, mutet schon seltsam an, doch auch die vermeintlichen Stuckverzierungen an der Decke sind aus demselben Material.

10

Kronleuchter aus Knochen

Via Vittorio Veneto

Via Versilia

Via Molise

Via di San Basilio

Santa Maria della Concezione dei Cappuccini

Museo e Cripta dei Frati Cappuccini

Via Purificazione

Via Santa Nicola di Tolentino

Piazza Barberini

Barberini Ⓜ

Fontana del Tritone

Kunst aus sterblichen Überresten
in der Krypta der Kapuziner –
und eine Feier des Lebens

Weil jeder Moment kostbar ist ...

Sicher kennen Sie den Ausdruck: *Memento mori* **– Bedenke, dass Du sterblich bist. Mitten in Rom, in der Krypta der Kapuzinerkirche an der Via Veneto, gibt es eine extrem eindrückliche Erinnerung daran, was wir alle irgendwann mal sein werden: Knochen!**

Aus den sterblichen Überresten von rund 4000 Toten wurden hier außergewöhnliche Kunstwerke geschaffen – in sechs Räumen, die aussehen wie eine Geisterbahn. Und trotzdem geht's hier nicht um den Tod. Ganz im Gegenteil: Dieser Ort ist eine Feier des Lebens!

Sie brauchen sich nicht zu fürchten, die Toten tun niemandem etwas zuleide. Und meiner Meinung nach ist es auch nicht besonders gruselig hier. Die Stimmung in dieser außergewöhnlichen Krypta ist eher: still, bedächtig und respektvoll. Aber was ist das eigentlich für ein seltsamer Ort? Warum sollte jemand Knochen an die Wände nageln und aus ihnen florale Muster formen? Und seit wann gibt es diese dekorierten Totenzimmer überhaupt?

Der sehr lebendige Bruder Piero und seine längst verstorbenen Mitbrüder, teils noch in ihrem Habit.

Ein deutsches Design?

So viel steht fest: 1630 wurde die Kapuzinerkirche an der Via Veneto eingeweiht, und die Brüder brachten aus ihrer »alten« Kirche in der Nähe des Trevi-Brunnens auch die Knochen ihrer verstorbenen Mitbrüder mit. Noch war in der neuen Krypta allerdings keine Rede von irgendeiner Knochenkunst. 1775 jedoch vermerkt der berühmt-berüchtigte Marquis de Sade in seinen Aufzeichnungen: »Ein deutscher Priester, der in diesem Haus lebt, hat ein Begräbnismonument geschaffen (…) In sechs oder sieben kleinen Räumen, einer neben dem anderen, hat er Nischen, Gewölbe und Deckenornamente geschaffen, in klarem und gefälligem Design. Lampen, Kreuze, etc. – alles gemacht aus Knochen und Schädeln.«

Was für ein merkwürdiger Ort! Um mehr über ihn zu erfahren, bin ich mit einem Kapuziner verabredet – einem sehr lebendigen natürlich: Bruder Piero. Er kommt gebürtig aus dem süditalienischen Kalabrien, ist seit sechs Jahren Priester und wohnt aktuell in Rom, um seine Doktorarbeit in Theologie zu schreiben. Zusammen mit ihm betrete ich die Krypta unterhalb der Kirche – und bin wieder einmal beeindruckt davon, dass das Thema »Tod« bei Ordensleuten nicht einfach verdrängt oder versteckt wird, wie es heutzutage ja fast überall sonst geschieht. Hier scheint der Tod ein ganz natürlicher Teil des Lebens zu sein. Tatsächlich, so Bruder Piero, habe der Heilige Franz von Assisi, ihr Ordensvater, den Tod schon immer liebevoll als »Schwester« bezeichnet.

Im Gespräch mit Bruder Piero

Warum gibt es diese erstaunlichen Knochenornamente überhaupt, wer hat sie erschaffen?

Das ist die schwierigste Frage gleich zu Anfang. Wir wissen nichts Genaues, weil es – außer dem Vermerk des Marquis de Sade – keine schriftlichen Quellen über den oder die Urheber gibt. Aber man stellt natürlich Vermutungen an. Eine weit verbreitete Theorie ist, dass Kapuziner aus Frankreich vor dem Terror der Französischen Revolution flüchteten. Demnach hätten sie hier im Kloster ab 1793 Unterschlupf gefunden und dann die Ornamente erschaffen. Gegen diese Hypothese spricht aber natürlich die Notiz des Marquis, der bereits 1775 über diese Räume geschrieben hat, also gut 20 Jahre vorher. Vielleicht waren die Urheber auch einfach nur talentierte Kapuzinerbrüder, Künstler und Architekten, die sich hier ans Werk machten. Wir haben keine definitive Antwort, es gibt keine Dokumente darüber.

Hier, gleich im ersten Raum, steht: »Was Ihr seid, sind wir gewesen. Was wir sind, werdet Ihr sein.« Das ist schon ziemlich starker Tobak zur Begrüßung.

Es ist zumindest sehr ehrlich. Aber in dieser Krypta geht es nicht in erster Linie um den Tod. Im Gegenteil, das hier ist eine Feier des Lebens. Wenn Du in diese Räume hineingehst, dann bekommst Du schonungslos vor Augen geführt, wie wir alle irgendwann einmal aussehen werden. Und dass die Zeit fliegt. Wir können daraus eine wichtige Lektion lernen: Dass wir unsere Lebenszeit gut nutzen sollten – und sie nicht einfach so verschwenden!

Die sechs Räume der Krypta haben unterschiedliche Bezeichnungen, je nachdem welche Knochenform jeweils dominant ist: »Krypta der Schienbeine und Oberschenkel«, »Krypta der Beckenknochen«, »Krypta der Schädel«. Und zwischen all den verschiedenen Knochenornamenten stehen immer wieder verstorbene Kapuzinerbrüder, einige von ihnen mumifiziert, noch immer gekleidet in ihren Habit. Oder sie liegen auf »Kissen«, die – Sie ahnen es bereits – ebenfalls aus Knochen bestehen. Oben an der Decke des ersten Raumes, »Krypta der drei Skelette« genannt, sehe ich Gebeine, die so klein sind, dass sie offenbar von einem Kind stammen.

»Das ist vermutlich Anna Barberini«, sagt Bruder Piero, »eine Prinzessin aus der einflussreichen Barberini-Familie, die dieses Kloster und die Kirche gestiftet hat. Die kleine Prinzessin hält eine – natürlich auch aus Knochen geformte – Sense in der

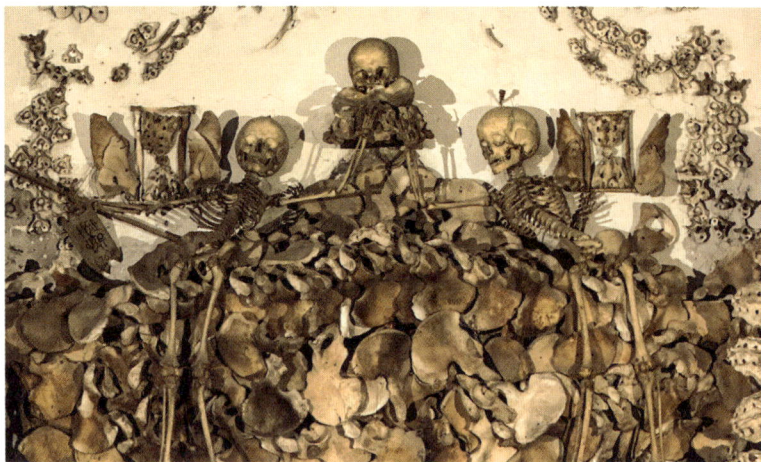

Die Skelette halten links und rechts je ein Stundenglas aus Knochen im Arm – mit Flügeln aus Schulterblättern.

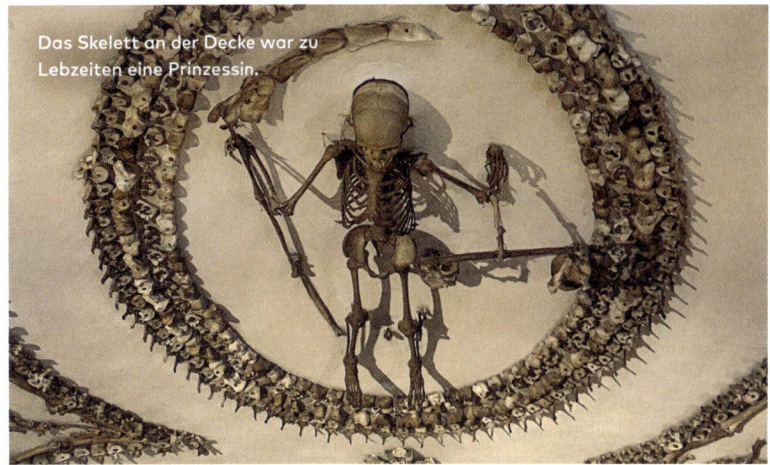

Das Skelett an der Decke war zu Lebzeiten eine Prinzessin.

einen Hand, das Symbol des unvermeidlichen Todes. Und in der anderen Hand eine Waagschale, als Zeichen für die Bewertung der guten und bösen Taten.«

Wem die Stunde schlägt ...

Im hinteren Teil des Raumes erkenne ich zwei weitere Kinderskelette. »Auch diese beiden«, so erklärt mir Bruder Piero, »waren wohl Mitglieder der Familie Barberini. Die kleinen Gerippe sollen zeigen, dass der Tod keine Präferenz hat: Er kann in jedem Alter kommen, zu jeder Zeit. Du kannst reich oder berühmt sein, ein Bettler, eine Prinzessin oder wer auch immer: Der Tod kommt zu jedem. Und schau Stefan, siehst Du die beiden Uhren da hinten?«

In der Tat, oben im Raum erkenne ich zwei aus Knochen geformte stilisierte Sanduhren. Und rechts und links neben jeder Uhr: Schulterblätter, die aussehen wie kleine Flügel. Ja, es stimmt: Die Zeit fliegt – in dieser Krypta sogar wortwörtlich.

Wie reagieren die Besucher eigentlich auf diese Räume?

Die allermeisten sind fasziniert von dem, was sie sehen. Manchmal kommt es vor, dass Menschen auch weinen, weil sie vielleicht gerade einen Angehörigen verloren haben. Und ganz selten bekommen wir die Rückmeldung, dass es respektlos gegenüber den Toten sei. Aber ich sage den Menschen dann immer, dass es am Ende auf die Seele ankommt, nicht auf den Körper. Denen, die an die Auferstehung glauben, gibt dieser Ort auf jeden Fall eine positive Perspektive. Für uns Christen ist der Tod ja nicht das Ende, nur eine Zwischenstation auf dem Weg zum Ewigen Leben.

Ich könnte mir vorstellen, dass so ein besonderer Ort die unterschied-lichsten Menschen anlockt ...

Ja natürlich. Wir hatten zum Beispiel schon selbst ernannte Geisterjäger hier, mit komischen Apparaturen in der Hand. Maschinen, die sie hoch- und runterbewegen, um Geister nachzuweisen. Und sie behaupten, dass es in dieser Krypta ganz besonders spukt. Vor einigen Jahren gab es übrigens noch keine Absperrgitter hier in den Räumen. Da haben manche Besucher die Knochen einfach berührt oder sogar etwas auf sie draufgeschrieben.

Geschrieben? Auf Knochen?

Ja, auf Knochen und auch auf Schädel. Unglaublich. Wir hatten sogar schon einige Telefonanrufe von Menschen, die hier Schädel gestohlen haben. Und nun wollten sie sie zurückgeben, weil sie sich schuldig fühlen. Es gibt schon wirklich seltsame Leute! Aber die allermeisten unserer Besucher sind einfach nur sehr interessierte Touristen aus aller Welt. Und auch Pilgergruppen, die zusammen mit einem Priester kommen und in großer Andacht durch die Räume gehen – mit dem gebotenen Respekt vor den Toten.

Wer ist hier eigentlich beerdigt?

Natürlich die Kapuzinerbrüder, die aus der alten Kirche in der Nähe des Trevi-Brunnens hierhergebracht wurden. Aber es gibt auch Skelette von Frauen – und auch von Kindern, wie wir ja bereits gesehen haben. Die Männer sind nicht ausschließlich Ordensbrüder, sondern auch einige Laien. Wir gehen von insgesamt fast 4000 Toten aus, die hier bis zum Jahr 1870 beerdigt wurden. Viele der Kapuzinerbrüder hatten übrigens einen multiethnischen und multikulturellen Hintergrund, weil dieses Haus damals das administrative Zentrum des weltweiten Kapuzinerordens war.

Apropos international: Ich habe gelesen, dass die Erde in diesen Räumen aus Jerusalem stammt.

So steht es in überlieferten Dokumenten, ja. Erde aus dem Heiligen Land. Weißt Du, was erstaunlich ist? Manchmal kommen Menschen mit frischen Blumen hierher, die sie auf die Erde legen, zur Ehre der Toten. Diese Blumen bleiben oft unglaublich lange frisch, das beobachten wir immer wieder. Ob das an der besonderen Erde liegt – oder einfach nur an den klimatischen Bedingungen hier unten? Ich kann es nicht sagen, aber es ist wirklich sehr auffällig.

Mit Bruder Piero und 4000 Toten in
der Krypta der Kapuziner

Bruder Piero und ich gehen weiter durch den Korridor. Über unseren Köpfen: fünf-
zackige und achtzackige Sterne, geformt aus Knochen. Die achtzackigen Sterne sind
ein Symbol für die Gottesmutter Maria, lasse ich mir erklären. Maria als der Mor-
genstern, der unserem irdischen Weg Orientierung gibt. Während wir einen Raum
erreichen, in dem ein kleiner Altar steht, fährt Piero fort: »Hier ist die Kapelle der
Krypta. An Allerseelen feiern wir dort immer die Messe, um der Toten zu gedenken. Aber weißt Du, manchmal gehen wir auch einfach nur so in diese Krypta – um
zu schauen, um nachzudenken und zu beten …«

»Schwester Tod« – so hat der Heilige Franz von Assisi das unvermeidliche Ende
genannt – gehört zum Leben einfach dazu. Und die verstorbenen Kapuziner in
dieser außergewöhnlichen Krypta erinnern uns nachdrücklich daran, wie wertvoll
jede Sekunde unseres Lebens ist. Wie hatte es Bruder Piero doch am Anfang so
treffend formuliert? »Wir können daraus eine wichtige Lektion lernen: Dass wir
unsere Lebenszeit gut nutzen sollten – und sie nicht einfach so verschwenden!«

Was?

Eine Feier des Lebens, nicht des Todes: die eindrucksvolle Krypta der Kapuziner an der Via Veneto. Aus rund 4000 Skeletten wurden hier außergewöhnliche Kunstwerke geschaffen: florale Muster, Bögen, Nischen, Ornamente und sogar Kronleuchter – alles aus Knochen und Schädeln. Nicht besonders gruselig, sondern eher berührend mit einer starken Botschaft! Die sechs Räume sind im Rahmen eines Museumsbesuchs zugänglich. Das 2012 eröffnete Museum ist sehr gut kuratiert und zeigt spannende Exponate rund um das franziskanisch-kapuzinische Leben im Lauf der Jahrhunderte. Auch ein beeindruckendes Meisterwerk Caravaggios ist zu sehen: »Der Heilige Franziskus in Meditation«.

NICHT VERPASSEN

In der Kirche Santa Maria della Concezione dei Cappuccini befindet sich das Grab des ersten Heiligen des Kapuzinerordens: Felix von Cantalice. Sehenswert in der ersten Seitenkapelle rechts ist ein 1636 von Guido Reni geschaffenes Gemälde, das den Erzengel Michael zeigt, wie er den Teufel überwältigt. Pikantes Detail: Die Visage des Dämons ähnelt offenbar den Gesichtszügen des späteren Papstes Innozenz X., Kardinal Giovanni Battista Pamphilj. Zumindest beschwerte sich der Kardinal heftig über die angeblich teuflische Ähnlichkeit. Reni allerdings sah keinen Anlass, das Bild zu verändern. Könnte es vielleicht daran gelegen haben, dass Kardinal Pamphilj eine Affäre mit seiner Schwägerin Olimpia Maidalchini nachgesagt wurde?

Wo?

Kloster, Museum und Krypta der Kapuziner
- Via Veneto 27 | 00187 Roma
  Tel. +39 06 888 03 695
  www.cappucciniviaveneto.it
  segretaria@cappucciniviaveneto.it

Wann?

Öffnungszeiten Museo e Cripta dei Frati Cappuccini
- täglich 10–19, letzter Einlass 18.30 Uhr
  Fotografieren untersagt!

Öffnungszeiten der Kirche Santa Maria della Concezione dei Cappuccini
- Montag–Samstag 7–13 und
  16–19 Uhr
- Sonn- und Feiertage 9–13 und
  16–19 Uhr
- Heilige Messe: wochentags 7.30 Uhr,
  sonn- und feiertags 11 Uhr

Was kostet's?

- Erwachsene 8,50 Euro
  Ermäßigt 5 Euro

Guido Reni, »Der Erzengel Michael besiegt Luzifer«, in einer Seitenkapelle von Santa Maria della Concezione dei Cappuccini, um 1636. Für die Zeitgenossen war klar: Luzifers Gesichtszüge weisen eine frappierende Ähnlichkeit mit Papst Innozenz X. auf.

TIPPS

SPIRITUELLES AM ABEND

Die Augustiner-Nonnen von Santi Quattro Coronati

Himmlische Gesänge! Wer sich abends in Richtung Kolosseum aufmacht und die nahe gelegene Kirche Santi Quattro Coronati besucht, wird auf die kontemplativen Augustiner-Chorfrauen treffen. Sie leben in Klausur, also von der Welt abgeschirmt hinter Klostermauern. Der Begriff »Chorfrauen« bezeichnet eigentlich nur den Ordenszweig der Nonnen, und doch passt er auch im wörtlichen Sinne: Diese Chorfrauen haben großartige Stimmen, und ihre Vesper um 18 Uhr – das gesungene Abendlob – ist ein unvergessliches spirituelles Erlebnis.

• www.monacheagostinianesanti quattrocoronati.it

Sant'Egidio in Trastevere

Besuchen Sie bitte unbedingt Santa Maria in Trastevere (Bild S. 9) – die älteste Marienkirche Roms – mit atemberaubenden Mosaiken an der Fassade und in der Apsis. Übrigens: Wer links im Kirchenschiff an der Sakristeitür läutet, darf zwei fein gearbeitete

Antikes Mosaik (1. Jahrhundert) im Flur vor der Sakristei von Santa Maria in Trastevere

Mosaike aus dem 1. Jahrhundert (!) bestaunen. Jeden Abend um 20 Uhr feiert die internationale christliche Gemeinschaft Sant'Egidio hier eine Abendandacht mit wunderschönen meditativen Gesängen. Ein Geheimtipp, um entspannt in den römischen Abend zu starten. Übrigens: Mit diesem Buchkauf haben Sie Sant'Egidio bereits unterstützt: siehe S. 208.

• www.santegidio.org
  www.santamariaintrastevere.it

Shalom!

In der Chiesa di San Lorenzo in Piscibus – nur wenige Schritte vom Petersplatz entfernt – feiern Jugendliche der Katholischen Gemeinschaft Shalom jeden Werktag um 18.15 Uhr Messe mit vorheriger eucharistischer Anbetung. Hier in San Lorenzo (der Eingang ist übrigens ein wenig versteckt auf der Rückseite der Kirche) befindet sich auch das originale Weltjugendtagskreuz, das bereits von unzähligen Händen rund um den Globus getragen wurde. Die Gemeinschaft Shalom betreibt auch ein kleines, cooles Café in der Nähe des Hauptbahnhofs Termini: SH82. Hier in der Via degli Equi 10 gibt's kostenlosen Kaffee und garantiert gute Gespräche!

• Adoratio in San Lorenzo Mo–Fr 16–18, Jugendmesse Sa 17 Uhr
  www.comshalom.org
  Instagram: @sh82_roma

UNNÜTZES PARTYWISSEN RUND UM DIE KAPUZINER – UND DEN CAPPUCCINO

Ja, die Kapuziner haben tatsächlich etwas mit dem Cappuccino zu tun. Das italienische Wort *cappuccio* bedeutet auf Deutsch Kapuze. Mit der Verkleinerungsform *-ino* am Ende ist ein Cappuccino also gewissermaßen ein Kapüzchen. Stimmt es dann also, dass der Cappuccino aus Italien über die Alpen zu uns kam? Nicht ganz, angeblich war der Weg andersherum: In Österreich gibt es den »Kapuziner«, einen Mokka mit Schlagobers (Sahne), schon deutlich länger. Es heißt, österreichische Soldaten hätten diesen »Kapuziner« gegen Ende des 19. Jahrhunderts nach Norditalien mitgebracht. Man darf nicht vergessen: Die italienische Hafenstadt Triest, ein wichtiger Kaffeehandelsplatz, gehörte noch bis zum Ersten Weltkrieg zu Österreich-Ungarn. Aus dem österreichischen Kapuziner mit Schlagsahne wurde über die Jahre dann der italienische Cappuccino mit geschäumter Milch. Nur: Was hat das Heißgetränk mit den Ordensbrüdern zu tun? Der urbane Mythos sagt: Das Dunkel des Kaffees erinnere an den braunen Habit der Kapuziner – und das Weiß des Schaums an die ergrauten Haare der Brüder.

Direkter Blick in den Himmel? Im Deckenfresko »Triumph des Namens Jesu« ragen Figuren über den Bilderrahmen hinaus – eine erstaunliche optische Täuschung.

11

Macchina Barocca

Ein römisches Schauspiel mit Pauken
und Trompeten – und ein Privatbesuch
bei Sankt Ignatius

Große Show in der Jesuitenkirche

Dass es in Rom viel Verstecktes gibt, Rätselhaftes, Verborgenes – das haben wir schon erlebt. Oft bleibt das Geheimnis dann im Stillen. Doch manchmal kommt es auch mit Macht ans Tageslicht, mit Pauken und Trompeten, mit Glanz und Gloria.

Genau so ein barockes Schauspiel werden wir heute Nachmittag erleben. Und wir besuchen die privaten, 500 Jahre alten Zimmer eines weltberühmten Heiligen. Diese Zimmer befinden sich noch an ihrer originalen Stelle im zweiten Stock. Allerdings: Das Haus drumherum war zwischendurch komplett verschwunden. Ja, Rom steckt voller Wunder.

Il Gesù ist eine der schönsten und berühmtesten Kirchen Roms. Der Heilige Ignatius von Loyola, Gründer des Jesuitenordens, liegt in dieser Kirche unter einem Seitenaltar begraben. Über dem Altar: ein riesiges Bild, das den Heiligen zeigt. Plötzlich um 17.30 Uhr setzt laute Musik ein. Wir hören eine sonore Männerstimme, das Licht verändert sich. Und dann startet ein Schauspiel, das weltweit seinesgleichen sucht – und das man in einer katholischen Kirche wohl auch nicht erwarten würde. Macchina Barocca (Barockmaschine) heißt dieser spannende Apparat. Mit ihm werden wir uns später noch genauer beschäftigen. Und wir dürfen – ganz ausnahmsweise – auch einen Blick hinter die Kulissen dieser Maschine werfen. Nur so viel vorweg: Obwohl es dieses Spektakel schon seit einigen Jahrhunderten in der Stadt gibt, ist es bei Pilgern, Touristen und Einheimischen relativ unbekannt. Aber wer könnte es ihnen auch verdenken? Denn selbst wenn man die imposante Kirche Il Gesù besucht, ahnt man zunächst nicht, welches Geheimnis sich am Grab des Heiligen Ignatius verbirgt. Ignatius starb 1556 in Rom, ruft aber auch nach fast 500 Jahren immer noch junge Männer in seine Nachfolge. So wie den 32-jährigen Yamid aus Kolumbien.

Mit Yamid auf den Treppenstufen vor Il Gesù

Schlaue Jungs aus aller Welt

Yamid lächelt und winkt mir freundlich zu. Er sitzt auf den Stufen vor Il Gesù, der Mutterkirche des Jesuitenordens. Societas Jesu, die Gesellschaft Jesu – so lautet der offizielle Name, mit dem Kür-

Noch sitzt es fest im Rahmen: Andrea Pozzos Altargemälde in Il Gesù, um 1700.

zel »SJ«. Yamid lebt seit einem Jahr hier in Rom, um Theologie zu studieren und dann in einigen Jahren zum Priester geweiht zu werden. Ein junger Jesuit, dem man sein Ordensleben allerdings gar nicht ansieht. Denn anders als zum Beispiel Kapuziner, Dominikaner oder Benediktiner tragen die Jesuiten kein Ordensgewand. Es gibt bei ihnen auch kein gemeinsames Chorgebet, also keine regelmäßigen Gebetszeiten, zu denen sich die Ordensmitglieder versammeln. Und dennoch: Die weltweit rund 16 000 Jesuiten fühlen sich verbunden durch das lateinische Motto: *Omnia ad maiorem Dei gloriam.* Dieses »alles zur größeren Ehre Gottes«, so sagt mir Yamid, sei auch sein persönlicher Leitspruch. Immer das Beste geben, um Gott in der Welt zu verkünden. All das sagt er in fließendem Deutsch. Er spricht aber natürlich auch Spanisch – seine Muttersprache, klar. Daneben noch hervorragend Englisch, Italienisch und Französisch. Und er kennt sich mit Griechisch und Latein aus.

Nicht zu Unrecht eilt den Jesuiten der Ruf voraus, sie seien die intellektuelle Bastion der katholischen Kirche. »SJ – schlaue Jungs«, wie der Volksmund sagt. Die Ausbildung der jungen Männer ist beeindruckend: Philosophie, Ethik, Geschichte und Theologie gehören zur Grundausstattung. Aber auch Biologen, Mathematiker und sogar Sternenforscher tragen hinter ihren Namen das Kürzel »SJ«. Viele von ihnen lehren später als Professoren an renommierten Universitäten. »Ja, oft sind es wir Jesuiten, die die Brücke bauen zwischen Religion und Wissenschaft«, sagt Yamid.

Eine folgenschwere Verletzung

»Bevor ich Dir die Barockmaschine zeige, Stefan, magst Du die privaten Räume des Heiligen Ignatius sehen?« Und ob ich will. »Kein Problem, sie sind direkt hier vorne.« Yamid deutet auf eine Tür, die zu den Camerette di Ignazio di Loyola führt. Ignazio, der Feurige! – so die wörtliche Übersetzung seines Namens. Ziemlich treffend, wie wir noch sehen werden. Dabei hieß der Heilige Ignatius bei seiner Geburt Íñigo López Oñaz de Recalde y Loyola. Ein Adeliger also.

Er wird 1491 auf Schloss Loyola im nordspanischen Baskenland in eine Großfamilie hineingeboren – als elftes Kind seiner Eltern, von drei weiteren Halbgeschwistern ist die Rede. Seine Mutter stirbt kurz nach seiner Geburt, und auch der Vater kommt wenige Jahre später ums Leben, sodass Íñigo als Vollwaise aufwächst. Es ist eine Zeit von Prinzen und Palästen, von Armeen und Soldaten. Und so hat auch Íñigo eine vielversprechende Karriere als Soldat vor Augen. Elf Jahre steht er im Dienst eines Adeligen in Zentralspanien, später dann, als 26-Jähriger, wird er Offizier in Pamplona. Er ist ein Frauenheld, Glücksspieler und Waffennarr ... was kostet die Welt?! Bis ein einziger Augenblick ihn völlig aus der Bahn wirft. 10. Mai 1521: Franzosen greifen die Festung von Pamplona an – und eine steinerne Kanonenkugel zertrümmert Íñigos rechtes Schienbein. Die Verletzung ist nicht lebensgefährlich, doch der junge Kämpfer muss sie im heimischen Schloss Loyola auskurieren. Gefesselt ans Bett, nichts zu tun. Dem 30-Jährigen fallen verschiedene Heiligenlegenden in die Hände. Er ist fasziniert von der Hingabe dieser Männer und Frauen. Und er fragt sich: Was ist eigentlich das *Magis* in meinem Leben? *Magis,* das lateinische Wort für »mehr« – es wird später zu einem ignatianischen Schlüsselbegriff werden.

Vom Krieger zum Asketen

Íñigo spürt, dass es für ihn nur eine einzige Antwort geben kann. Er zieht sich in die Nähe von Barcelona zurück, ins Bergkloster Montserrat. Nach drei Tagen Lebensbeichte, so heißt es, gibt er dort seine Waffen ab – sein Schwert ist noch heute in der Abteikirche zu sehen. Íñigo macht eine innere Bekehrung durch, die jetzt auch äußerlich sichtbar wird: Er war als Ritter und Edelmann gekommen, als Bettler und Pilger geht er fort. Und seine Umkehr wird sogar noch extremer: Ignatius wird Einsiedler in einer Höhle im benachbarten Manresa und verbringt dort ein ganzes Jahr lang in strengster Entsagung, Einsamkeit und äußerster Armut. Ein feuriger Lebemann ist zum Asketen geworden. Bitte behalten Sie das im Hinterkopf, es wird gleich noch wichtig, wenn wir über die Barockmaschine sprechen.

Ignatius, so viel steht fest, hat endgültig ein neues Leben begonnen. Er geht nach Jerusalem, Barcelona, Salamanca und Paris. Studium, Priesterweihe, Inquisition, Gefängnis, Ordensgründung – ich traue mir nicht zu, diese außergewöhnliche Vita in nur wenigen Sätzen zusammenzufassen. Aber einen sehr guten Eindruck von Ignatius' Leben bekommt man in der Ausstellung, durch die mich Yamid jetzt führt.

Ein Haus wird um die Zimmer herumgebaut

Wir sind in den privaten Räumen des Heiligen, im Herzen Roms. 1544 kam er hierher, als er 53 Jahre alt war. Hier lebte, arbeitete und betete Ignatius zwölf Jahre

lang bis zu seinem Tod am 31. Juli 1556. »Diese Räume haben eine wirklich unglaubliche Geschichte hinter sich«, erklärt mir Yamid, »denn das hier sind zwar die
authentischen Räume des Heiligen Ignatius, aber Achtung: Das Haus ist nicht mehr
original.« – »Wie bitte?« – »Ja«, fährt Yamid lächelnd fort, »diese Geschichte ist
ziemlich abgefahren: Weihnachten 1598 gab es in Rom eine verheerende Flut. Das
Haus war eigentlich nicht mehr zu retten. Aber Claudio Acquaviva, der damalige
Generalsuperior der Jesuiten, erkannte natürlich: Moment mal, hier drin befinden
sich die vier Räume des Heiligen Ignatius, die können wir nicht einfach so abreißen.
Hier wurden die jesuitischen Konstitutionen verfasst, hier wurden mehrere Kongregationen abgehalten, wir müssen diese Räume erhalten. Die Frage war nur: Wie?
Schließlich befinden sich diese Räume im zweiten Stock. Und so hat Pater Acquaviva die Räume des Ignatius komplett mit Holz einschalen lassen. Diese gesamte
Verschalung wurde dann auf ein kompliziertes System von Stelzen gesetzt. Das alte
Haus wurde Stein für Stein abgetragen – und das neue einfach drumherum gebaut.
Das heißt: Die alten Räume befinden sich heute noch an exakt derselben Stelle, wo
sie immer schon waren. Nur eben innerhalb eines neuen Hauses.«

Wer etwas von Ignatius haben will ...

Und genauso erstaunlich wie die Geschichte der Räume sind auch die Erinnerungsstücke, die sie enthalten. Yamid zeigt mir das Schlafzimmer von Ignatius, in dem
noch einige originale Möbelstücke zu sehen sind. »Dieses Zimmer war gleichzeitig
auch sein Büro. Rund 7000 Briefe von Ignatius sind uns durch die Jahrhunderte
erhalten geblieben, das ist wirklich unglaublich!«, erklärt er. Wir gehen weiter
durch die Räume, sehen das Originalsiegel von Ignatius, Bücher, liturgische Gegenstände und den Ort, an dem der Heilige im Jahr 1556 starb. *Hic obiit Pater Ignatius*
steht auf einer Plakette am Boden. Hier starb Pater Ignatius, im Alter von 65 Jahren.
Sein Messgewand, in dem er beerdigt wurde, ist genauso ausgestellt wie seine Le

Schuhwerk eines Heiligen. Kleine Stückchen davon waren ein
beliebtes Pilgersouvenir.

derschuhe. »Guck mal hier, Stefan, die Schuhe sind an einigen Stellen ganz schön zerfleddert. Fromme Pilger haben früher immer daran herumgezupft, um sich ein Stückchen als Souvenir mitzunehmen. Aber so weit muss heute natürlich niemand mehr gehen«, schmunzelt Yamid. »Wer etwas von Ignatius haben will, der kann ja an unseren ›ignatianischen Exerzitien‹ teilnehmen. Die dauern normalweise vier Wochen, es gibt aber auch kürzere Varianten. Übrigens, da vorne in der Vitrine werden die Anleitungen der Exerzitien im Original aufbewahrt.«

Ein Blick hinter die Kulissen

Es ist kurz nach 17 Uhr, gleich legt die Macchina Barocca los. »Komm, wir beeilen uns«, sagt Yamid, »dann können wir noch schnell hinter den Altar gehen und die alte Mechanik anschauen, wenn Du willst. Pater Massimo hat schon sein Okay gegeben.« Und tatsächlich, vor seinem Büro wartet der leitende Pfarrer der Kirche, Pater Massimo, auf uns – mit einem großen Schlüsselbund in der Hand. »Salve Stefan!«, begrüßt er mich mit breitem Grinsen, »dann wollen wir mal los, jetzt gibt's für Dich eine wirklich exklusive Tour hinter die Kulissen.«

Und so gehen wir durch einen Seiteneingang hinein in den beeindruckenden Innenraum von Il Gesù. Diese Kirche hatte immensen Einfluss auf die Baukunst des Barock, sie gilt als Prototyp aller Jesuitenkirchen. Und an dieser Stelle ein wichtiger Tipp für Ihren Besuch: Bringen Sie genügend Zeit mit. Denn alleine mit dem au-

Mit Pater Massimo vor dem Grabaltar des Heiligen Ignatius

ßergewöhnlichen Fresko an der Decke könnte man sich stundenlang beschäftigen. Es ist ein Meisterwerk, das durch einen erstaunlichen Täuschungseffekt so wirkt, als würde die Grenze zwischen drinnen und draußen gesprengt. Als würde man durch die geöffnete Decke direkt in den Himmel schauen.

17.15 Uhr, schnell weiter zu unserem eigentlichen Ziel. Dort hinten, im linken Querschiff steht er, der monumentale Grabaltar des Heiligen Ignatius. Einer der prächtigsten Altäre der Welt, verziert mit Gold, Marmor, Onyx, Amethysten und wertvollen Kristallen. »Schau, Stefan«, macht Pater Massimo

Im Maschinenraum der Macchina Barocca

mich aufmerksam, »das Altarbild zeigt unseren Ordensgründer, den Heiligen Ignatius. Er empfängt vom auferstandenen Christus ein rotes Banner mit dem Monogramm IHS – als Auftrag zur Missionierung.«

IHS – genau genommen IHΣ – sind die drei ersten Großbuchstaben des griechischen Wortes für Jesus: IHΣOYΣ. Das Monogramm IHS inmitten einer Sonne ist das offizielle Logo des Jesuitenordens und befindet sich zum Beispiel auch im Wappen von Papst Franziskus, der ja ebenfalls ein Jesuit ist – achten Sie mal drauf.

Eine Umdrehung mit dem Schlüssel von Pater Massimo, und schon öffnet sich eine kleine Geheimtür im Altar. Yamid und ich, beide 1,86 Meter groß, müssen uns ziemlich ducken, um uns durch den normalerweise verborgenen Eingang zu quetschen. Ein kurzer, enger Tunnel, dann stehen wir auf der Rückseite des Altars auf einer schmalen Holzplanke. Unter uns ein tiefer Schacht. Oben hängt eine lange Kette an einer Umlenkrolle, dazu Gurte, Gestänge, ein Motor und eine Warnlampe. Was für ein seltsames Gebilde – halb alt, halb neu. »Ziemlich cool, oder?«, fragt Yamid. »Aber lass uns lieber wieder rausgehen, gleich ist es 17.30 Uhr, und dann legt die Maschine los.«

Nachdem Yamid und ich wieder aus der Geheimtür hinausgeklettert sind, erklärt Pater Massimo: »Früher wurde die Mechanik komplett von Hand bedient, die ganze Elektrik kam erst im Jahr 2008 dazu, im Zuge der Renovierung des Altars. Fast alle anderen Teile sind noch original erhalten, also mehr als 300 Jahre alt.«

Das Spektakel beginnt

Und urplötzlich wird es unerwartet laut: »KYRIE!« Ein vielstimmiger Chor schmettert dieses Wort durch den gesamten hallenden Kirchenraum! Und wieder: »Kyrie. Eleison.« Streicher setzen ein. Der Chor wird lauter. Wunderschöne, imposante Musik erfüllt jetzt die Kirche bis in jeden Winkel. Und dann verändert sich auch noch das Licht. Scheinwerfer gehen an und beleuchten ein vergoldetes Bronzerelief oberhalb des Sarges von Ignatius. Eine sehr sonore Männerstimme erfüllt den

Die Macchina Barocca in voller Aktion: Das Altarbild fährt nach unten und die Statue von Sankt Ignatius erscheint.

Raum und beginnt, Geschichten aus dem Leben des Heiligen zu erzählen. Voller Inbrunst und Pathos. Dazu Bibelstellen und Ausschnitte aus den ignatianischen Exerzitien. Dieser gesamte Altar ist jetzt eine einzige große Theaterbühne, die den Weg des Ignatius zur Heiligkeit nachzeichnet. Mit Pauken und Trompeten, Glanz und Gloria. »Achtung«, kündigt Pater Massimo an, »gleich startet die Macchina Barocca.« Und tatsächlich: Das riesige Bild des Ignatius bewegt sich langsam aus seinem Rahmen heraus und fährt Stück für Stück nach unten. Immer tiefer und tiefer. Während der Chor singt, die Geigen jubilieren und das Licht erstrahlt. Zum Vorschein kommt eine lebensgroße Statue von Ignatius, in Silber und Gold – der Heilige, gekleidet in ein prächtiges Messgewand, auf dem Edelsteine funkeln. Welch ein römisches Schauspiel!

So viel Pracht für einen Prediger von Armut und Bescheidenheit?

»Das ist schon wirklich beeindruckend«, sage ich zu Yamid, der während des zwanzigminütigen Spektakels neben mir auf der Kirchenbank gesessen hatte. »Aber ganz ehrlich – wollte Ignatius nicht genau das Gegenteil? Hat er nicht dem Prunk abgeschworen und stattdessen in Armut gelebt?« – »Ja, da gebe ich Dir total recht, Stefan«, antwortet er. »Aus heutiger Sicht ist so eine Präsentation eher befremdlich. Aber Du musst bedenken, dass diese Art der Verkündigung ein Kind ihrer Zeit ist – eine Inszenierung des Barock. Damit wollte man zwar erklären, aber gleichzeitig auch beeindrucken. Heute würden wir so eine Maschine ziemlich sicher nicht mehr bauen.« – »Aber was ist denn Euer heutiger Weg der Verkündigung?«, frage ich Yamid. »Wir helfen jungen Menschen bei ihrer Ausbildung. Wir haben viele soziale Projekte auf der ganzen Welt. Damit können wir viel mehr erreichen. Und zwar ganz im Sinne des Mottos, das da vorne auf Ignatius' Sarg steht: *Ad maiorem Dei gloriam.*« Bei dieser Antwort beginnen Yamids fröhliche Augen zu strahlen.

Ob Ignatius mit der Barockmaschine einverstanden wäre? Da habe ich so meine Zweifel. Mit dem Jesuiten Yamid allerdings wäre er sicher mehr als glücklich.

Was?

Ein römisches Spektakel miterleben. Die Macchina Barocca mit ihrer 300 Jahre alten Mechanik lässt unter Pauken und Trompeten ein riesiges Altarbild im Boden verschwinden, während eine funkelnde Statue von Ignatius von Loyola zum Vorschein kommt. Der Gründer des Jesuitenordens ist im unteren Teil des Altars beigesetzt. 1622 wurde er zusammen mit Teresa von Ávila, Philipp Neri und Franz Xaver heiliggesprochen. Eine mumifizierte Armreliquie von Franz Xaver, Gefährte des Heiligen Ignatius und Mitbegründer des Jesuitenordens, befindet sich in der Kapelle genau gegenüber des Ignatiusaltars.

Wann?

Täglich um 17.30 Uhr beginnt die rund 20-minütige Präsentation. Es ist genügend Platz vorhanden, Sie müssen also nicht unbedingt vor der Anfangszeit erscheinen. (Sollten Sie aber, in Il Gesù gibt es viel zu bestaunen!) Der Eintritt ist frei.

Öffnungszeiten der Kirche

• Montag–Samstag 7.30–12.30, 17–19.30, Sonn- und Feiertage 7.45–13.45, 17–20 Uhr

Heilige Messen

• Montag–Samstag um 8, 10, 12, 19, Sonn- und Feiertage 8, 10, 11.15, 12.30, 19 Uhr.

Öffnungszeiten der Privaträume des Heiligen Ignatius

• Montag–Freitag 17–18, Sonntag 11–12 Uhr Es ist möglich, die Räume auch zu anderen Zeiten zu besichtigen, Anfragen per E-Mail an Taormina.r@gesuiti.it

• Eintritt frei – Spenden erbeten.
www.chiesadelgesu.org/visite-pietre-vive
(Italienisch/Englisch)

Wo?

Chiesa del Santissimo Nome di Gesù all'Argentina, genannt Il Gesù (ausgesprochen »il Dschesú«), die Mutterkirche des Jesuitenordens. Eingang zur Kirche über eine Rampe rechts des Hauptportals.

• Piazza del Gesù | 00186 Roma

NICHT VERPASSEN

Das beeindruckende Deckenfresko **»Triumph des Namens Jesu«**, gemalt von Giovanni Battista Gaulli zwischen 1672 und 1685. Das Fresko täuscht eine Öffnung in der Kirchendecke vor, was deshalb so perfekt wirkt, weil einige Figuren über den Bilderrahmen hinausragen (S. 170). Außerdem sehenswert: die **Kapelle zum Heiligsten Herzen Jesu**. Hier wird das Herz-Jesu-Bild von Pompeo Batoni im Original verehrt, das zum populärsten Bild der weltweiten Herz-Jesu-Volksfrömmigkeit wurde. Nicht verpassen sollten Sie außerdem das Bildnis der »Madonna della Strada«, der Schutzpatronin des Jesuitenordens – sie wurde 2003 auch zur Patronin der römischen Taxifahrer erkoren.

TIPPS

KUNST FOR FREE

Rom hat fantastische Museen, aber das Tolle ist: In dieser Stadt brauchen Sie oft gar kein Ticket, um großartige Kunst zu sehen, denn viele Meisterwerke befinden sich öffentlich zugänglich in Kirchen und lassen sich daher kostenlos bestaunen.

NICHT VERPASSEN

In Rom gibt es viele Wohnräume von Heiligen. Nicht nur die Zimmer des Ignatius können besucht werden, auch die Räume des Heiligen Philipp Neri neben der Chiesa Nuova sind hochinteressant. Möchten Sie sehen, wie Mutter Teresa wohnte, wenn sie in Rom war? Die Heilige der Armen lebte mehr als bescheiden in einem winzigen Zimmer in der Nähe des Circus Maximus. Ihr Kloster war der ehemalige Hühnerstall des Kirchenkomplexes San Gregorio al Celio nebenan – sie sagte, das reiche ihr vollkommen. Die von Mutter Teresa gegründeten Missionarinnen der Nächstenliebe leben noch immer dort und sorgen sich täglich um Obdachlose.

- Piazza San Gregorio al Celio 2
  00184 Roma
  8.30–11.30 und 16.30 –19 Uhr
  Donnerstag geschlossen

Caravaggio in der Kirche der Franzosen

Sehr zentral zwischen Piazza Navona und Pantheon gelegen befindet sich die französische Nationalkirche San Luigi dei Francesi. Sie beherbergt gleich drei (!) Meisterwerke von Caravaggio, darunter eines seiner berühmtesten Bilder – »Die Berufung des Heiligen Matthäus« von 1599/1600. Das Außergewöhnliche: Dieses Kunstwerk war eine kirchliche Auftragsarbeit und hängt in der Cappella Contarelli immer noch an genau jener Stelle, für die Caravaggio das beeindruckende Bild eigens erschuf.

- Piazza di San Luigi de' Francesi
  00186 Roma

Eine Heilige in höchster Verzückung

Der Engel holt weit aus — in seiner rechten Hand hält er einen langen goldenen Pfeil, der die entrückte junge Frau gleich mitten ins Herz treffen wird: »Die Ekstase der Heiligen Teresa von Ávila« in der Kirche Santa Maria della Vittoria ist auf jeden Fall ein Hingucker. Als Gian Lorenzo Bernini im Jahre 1651 sein Kunstwerk der Öffentlichkeit übergab, schwankte die Resonanz zwischen Begeisterung und purer Ablehnung – allzu sinnlich und zweideutig sei die Darstellung der Heiligen. Was denken Sie? Besuchen Sie den Engel und die verzückte Heilige und urteilen Sie selbst! (Bild S. 8)

- **Via Venti Settembre 17**
  00187 Roma

Michelangelos Mose und die Psychoanalyse

September 1901. Sigmund Freud kommt immer und immer wieder zu dieser Statue. Stundenlang, tagelang schaut er sie an. Ja, die imposante, 2,35 Meter hohe Skulptur des Mose in der Kirche San Pietro in Vincoli lädt zu Interpretationen ein: Warum hat Michelangelo dem Propheten Hörner aufgesetzt? War es wirklich nur ein Übertragungsfehler der hebräischen in die lateinische Bibel, indem das Wort »strahlend« als »gehörnt« übersetzt wurde? Fest steht: Dieser überlebensgroße Mose lässt niemanden unbeeindruckt, der vor ihm steht.

- **Piazza di San Pietro in Vincoli**
  00184 Roma

Ein Meisterwerk Michelangelos: Mose mit den Tafeln der Zehn Gebote unter dem Arm in der Kirche San Pietro in Vincoli.

»Trendgetränke in Trastevere!«
Na, haben Sie diesen Zungenbrecher
geschafft? Falls nein: Hier kommen
die besten Tipps für einen lockeren
Abend in der Ewigen Stadt.

12

Auf ins römische Nachtleben!

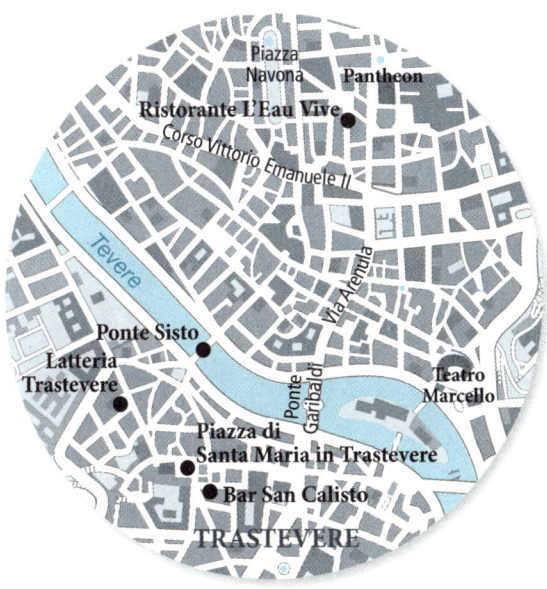

Aperitivo, tanzende Nonnen
und die lässigste Bar der Stadt –
la movida romana!

Dolce Vita beidseits des Tibers

Wie sieht ein perfekter Abend in Rom aus? Gemütlich durch die alten Gassen schlendern und sich auf einen romantischen Sonnenuntergang (S. 76) freuen. Dann ein Aperitivo auf der Piazza mit Aperol Spritz und einigen Häppchen! Anschließend noch eine köstliche Pasta genießen – und danach glücklich ins Bett fallen.

Ja, Sie werden Rom für solche Abende lieben. Doch wo genau sollten Sie hingehen? Ich nehme Sie mit in den perfekten Aperitivo-Laden. Danach besuchen wir das Restaurant der tanzenden Nonnen, so was gibt's tatsächlich. Und wir versacken bei cooler Livemusik in der letzten »Volks-Bar« der Stadt. Auf geht's in die *movida romana,* ins römische Nachtleben.

Doch bevor wir loslegen, noch schnell eine nützliche Erklärung rund um das Wort »Trastevere«. So heißt ja das beliebteste Ausgehviertel in Rom. Die Betonung liegt auf dem ersten e, man sagt also: »Tras-tévere«. Woher dieser Name kommt? Sehen Sie sich den Stadtplan an. Durch Rom fließt ein Fluss, der Tiber, italienisch Tevere. »Trastevere« kommt vom lateinischen *trans Tiberim*, was »jen-

»Trinkt und liebt einander«, das ist die Botschaft des sardischen Winzers, der auf der Tafel zitiert wird.

seits des Tibers« bedeutet. Es geht also um den Bereich, der – von der klassischen Altstadt aus gesehen – auf der anderen Seite des Flusses liegt. Das klingt zunächst ziemlich abgelegen, aber keine Sorge: Im Zentrum Roms ist ja praktisch alles fußläufig erreichbar.

Die Latteria in Trastevere

An einem lauschigen Sommerabend durch die malerischen Gassen von Trastevere zu spazieren – dieses Erlebnis sollte bei Ihrem Rom-Besuch unbedingt dazugehören. Ja, hier sind zwar auch viele Touristen unterwegs, aber trotzdem wirkt Trastevere fast wie ein Dorf: enge Gassen, warmes Licht, glänzendes Kopfsteinpflaster und kleine Holztische mit flackernden Kerzen. Junge Römerinnen und Römer sitzen, mit einer Flasche Bier in der Hand, auf der gemütlichen Piazza. Es wird geknutscht, gelacht, gefeiert – *la dolce vita* wie aus dem Bilderbuch.

Und genau hier, in Trastevere, wollen wir in den Abend starten, und zwar in der Latteria, einer kleinen, sympathischen Weinbar, die auch hervorragendes Essen serviert. Die Latteria ist eines der ältesten Lokale in Trastevere und wird von Antonio geführt. Er stammt von der Insel Sardinien, kam aufs Festland, um Jura zu studieren, jobbte danach in der Gastronomie und übernahm 2015 diesen Laden. Und, ach ja: Er ist mit Christine aus Österreich liiert. Sie erinnern sich – mit ihr haben wir ja bereits römisches Streetfood entdeckt (siehe S. 118). Bei Antonio lerne ich, dass in Italien Lebensmittel fast noch heiliger sind als die Kirche. In seiner Latteria kommt nämlich nur auf den Tisch, was Antonio vorher einer strengen Qualitätskontrolle unterzogen hat. »Ich habe eine absolute Leidenschaft für gutes Essen«, sagt er, »für Wurst und Käse, aber vor allem auch für guten Wein. Und eins ist mir wichtig: Alles muss die beste Qualität haben!«

Im Gespräch mit Antonio Cossu

Wenn die Qualität so wichtig ist: Woher beziehst Du Deine Produkte?

Praktisch alles, was ich anbiete, kommt von ganz kleinen Produzenten, die ich sehr sorgsam aussuche. Das heißt, die allermeisten kenne ich persönlich. Ich will ja wissen, wie sie arbeiten, und sichergehen, dass sie nur ökologisch produzieren. Vieles kommt hier aus der Gegend rund um Rom, dem Latium. Aber ich habe zum Beispiel auch einen jungen Burrata-Hersteller aus Apulien im Süden, dort wo es die beste Burrata der Welt gibt.

Und Deine Weine – kommen die auch hier aus der Umgebung?

Die meisten schon. Latium ist ja eine hervorragende Weinregion, weil hier praktisch alles Vulkanlandschaft ist, mit einem super fruchtbaren Boden – das sorgt für exzellente Weine. Castelli Romani, Rocca di Papa, Frascati sind die berühmtesten Anbaugebiete, in denen junge, innovative Weinbauern total spannende Weine machen.

Du scheinst wirklich sehr wählerisch zu sein, ich sehe auf Deiner Karte nur Naturweine.

Ja, damit haben wir hier in Trastevere ein Alleinstellungsmerkmal. Naturweine kommen ja völlig ohne Chemikalien aus, sie sind daher verträglicher und haben Duft- und Geschmacksnoten, die man nicht unbedingt gewohnt ist. Christine und ich fahren häufig zu kleinen Weinbauern in der Gegend; wir gehen aber auch auf Messen, die sich auf Naturweine spezialisiert haben.

Lass uns mal über den Aperitivo reden. Nördlich der Alpen kennt man dieses Konzept praktisch nicht, hier in Italien ist es aber megabeliebt.

Ja, und wie. Der Aperitivo ist eigentlich eine Erfindung aus dem Veneto, also der Gegend rund um Venedig. Aber seit ungefähr 15 Jahren findet man ihn auch im Rest des Landes. Beim Aperitivo bestellt man sich ein Getränk und bekommt kostenlos ein paar Häppchen dazu. Also nicht so viel, dass man davon pappsatt wäre, aber schöne kleine Sachen: Bruschette, Prosciutto, Salami oder Käse, das ist von Lokal zu Lokal völlig unterschiedlich – hier bei mir übrigens immer saisonal angepasst. Im Sommer also frische Tomaten, im Winter dann zum Beispiel Bruschette mit Schwarzkohl und gedünstetem Fenchel.

Was ist denn die typische Aperitivo-Zeit? Um welche Uhrzeit trifft man sich so ungefähr?

Also, der Aperitivo ist eine Art Feierabenddrink – deshalb gegen sieben Uhr abends oder halb acht.

Arbeitet man hier tatsächlich so lang?

Ja, das sind völlig normale Bürozeiten, aber dafür ist die Mittagspause in Italien auch deutlich länger als in Deutschland. Man trifft sich also gegen sieben Uhr mit Freunden oder Kollegen auf einen Aperitivo. Und entweder bleibt man dann noch im Lokal sitzen und isst zum Beispiel eine Pasta, oder man zieht weiter in ein anderes Restaurant. Viele Menschen gehen aber natürlich auch einfach nach Hause. Interessant ist, dass sich auch Geschäftsleute zum Aperitivo treffen, weil es nicht ganz so formell ist wie ein klassisches Abendessen. Und vor allem hat der Aperitivo ein natürliches Ende: so um halb neun ist Schluss. Also insgesamt könnte man sagen: Der Aperitivo ist die elegantere Version des Feierabend-Bierchens (er lacht).

Ist das typische Aperitivo-Getränk eigentlich Aperol Spritz? Oder denken das nur die Touristen?

Nein, nein. Auch die Einheimischen lieben Aperol Spritz, das ist sehr typisch. Aber ich habe hier im Laden auch spannende Alternativen. Zum Beispiel BitteRoma, ein Magenbitter hier aus der Stadt. Oder auch einen Vermouth aus meiner Heimat Sardinien. Wenn man den mit Prosecco und Weißwein mischt – ein absoluter Traum!

Also, lassen Sie sich von Antonio doch einfach überraschen – es ist spannend, abends mal was Neues auszuprobieren. Apropos Neuentdeckung: Normalerweise würde Ihr Abend jetzt in Trastevere weitergehen, in einer wunderbaren Trattoria, Osteria oder einem Ristorante (Die Empfehlungen des Drei-Sterne Kochs Heinz Beck finden Sie auf S. 131, weitere Tipps am Ende dieses Kapitels). Aber vielleicht möchten Sie sich auch auf etwas Unerwartetes einlassen? Dann kommen Sie mit zum Abendessen bei den tanzenden Nonnen.

Aperol Spritz wird so oft bestellt, dass Antonio ihn gleich reihenweise einschenkt.

Schwester Rolande und Schwester Lucie decken die Tische im L'Eau Vive.

Restaurant der tanzenden Nonnen

Ich kann Ihre Verwunderung bestens verstehen. Deshalb zwei Dinge vorweg. Erstens: Die Nonnen machen wirklich hervorragendes Essen zu sehr fairen Preisen, und man speist in einem alten Palazzo. Alleine das wäre schon Grund genug, um mal einen Abend dort zu verbringen. Und zweitens: Wenn die Nonnen gemeinsam mit ihren Gästen singen und für sie Ballett tanzen, dann klingt das zunächst, nun ja … recht kurios. Doch es steckt eine tiefere Botschaft dahinter, vor der ich großen Respekt habe.

Deshalb: Lassen Sie uns einen Spaziergang machen, raus aus Trastevere und hinüber zum Pantheon. Dort in der Nähe ist das Restaurant L'Eau Vive – »lebendiges Wasser«.

Was sind das denn für Nonnen, die in Rom ein Restaurant betreiben? Und sind es tatsächlich echte Ordensfrauen? Ja, das sind sie: *Les Travailleuses missionnaires de l'Immaculée* – die Missionarischen Arbeiterinnen der Unbefleckten. (Wer es genauer wissen will: Die Gemeinschaft wurde vom französischen Priester Marcel Roussel-Galle gegründet und ist seit 1987 in den Dritten Orden der Karmelitinnen inkardiniert.) Diese Ordensfrauen haben also Gelübde abgelegt, sie leben in einer Gemeinschaft zusammen und tragen in ihrem Kloster lange, weiße Gewänder. Ihre missionarische Arbeit ist relativ schnell erklärt: Sie wollen die Menschen genau dort erreichen, wo sie sich am wohlsten fühlen – nämlich bei einem guten Essen!

Strenge Ordenstracht? Nur im Kloster!

Schwester Rolande kommt aus Burkina-Faso und ist eine von rund 30 »Missionarischen Arbeiterinnen« hier in Rom. »Das Restaurant L'Eau Vive gibt es bereits seit mehr als 50 Jahren«, erklärt sie mir, »und es lockt vollkommen unterschiedliche Gäste an. Natürlich kommen Kleriker hierher – Kardinäle, Bischöfe, Priester – und Ordensleute aus aller Welt, aber auch sehr viele Einheimische, Pilgergruppen und Touristen. Es ist also eine bunte Mischung an unseren Tischen.« Während Schwester Rolande mir Auskunft gibt, richtet sie Besteck und Servietten und trifft so die letzten Vorbereitungen für den Abend.

Und nur zur Klarstellung, damit Sie sich bei Ihrem Besuch im L'Eau Vive nicht wundern: Innerhalb des Klosters sehen die Nonnen zwar genau so aus, wie man sich Ordensfrauen klassischerweise vorstellt, also mit langen Gewändern und bedeckten Haaren. Hier im Restaurant allerdings tragen die Schwestern keine Schleier, sondern ihre jeweilige Landestracht: Schwester Rolande also ein farbenfrohes Kleid im afrikanischen Stil, Schwester Lucie aus Vietnam einen strahlend blauen asiatischen Seidenüberwurf. Das L'Eau Vive soll nicht wie ein Kloster wirken. Im Gegenteil: Die Nonnen möchten den Menschen möglichst weit entgegenkommen, um sie in ihrer gewohnten Lebenswelt zu erreichen.

Kochkunst aus aller Welt und eine unerwartete Vorführung

Die Speisen im L'Eau Vive sind international: montags amerikanisch, dienstags ozeanisch, mittwochs europäisch, donnerstags afrikanisch und freitags asiatisch – so steht es auf der Tageskarte. Es gibt mexikanische Fleischspieße mit Koriander, zartes Perlhuhn in Weißwein an Schalotten, Couscous mit Lamm, vietnamesische Frühlingsrollen mit Shrimps … Ja, die Nonnen verstehen es wirklich, hervorragend zu kochen. Und gleichzeitig kümmern sie sich überaus freundlich und zuvorkommend um das Wohl ihrer Gäste. Das Verrückte ist: Würde man in dieses Restaurant gehen, ohne vorher zu wissen, wer einen da bekocht, man würde vermutlich nicht ahnen,

dass man von lauter Ordensfrauen umgeben ist. Natürlich nur bis zu jenem Moment gegen 21 Uhr, als plötzlich kleine Karten verteilt werden, auf denen der Text eines Marienliedes abgedruckt ist. »Jeden Abend im L'Eau Vive: der Gesang des Ave Maria« – so steht es dort.

Doch bevor gesungen wird, betritt eine weitere junge Ordensfrau das Restaurant. Sie trägt eine weiße Bluse und einen weiten Rock, hat einen Blumenkranz im Haar und Ballettschuhe an den Füßen. Und während eine Geschichte vorgelesen wird – die Lebensgeschichte der Heiligen Thérèse von Lisieux –, tanzt die junge Schwester dazu: Sie stellt sich auf die Zehenspit-

Balletteinlage zum Essen? Gibt's im L'Eau Vive allabendlich.

zen, dreht sich im Kreis wie eine perfekte Ballerina und interpretiert so die Lebensstationen der Heiligen Thérèse. Deren Motto war übrigens, Jesus mit »kleinen« – also mit alltäglichen – Dingen zu ehren. Ein Vorbild für die Schwestern im L'Eau Vive, so sagen sie mir. Denn im fünfjährigen Formationsprozess ihrer Ordensausbildung beschäftigen sie sich mit Theologie und Humanismus, na klar. Aber sie machen auch eine Ballettausbildung, lernen Gitarrespielen und Kochen. Denn auch mit Kochen, dieser vermeintlich so »kleinen« Alltagsbeschäftigung, wollen sie die Menschen von heute erreichen.

Nach der Ballettdarbietung versammeln sich die »Missionarischen Arbeiterinnen« in der Nähe einer geschmückten Marienstatue. Eine der Schwestern spielt Gitarre, und dazu singen die Nonnen – zusammen mit ihren Gästen – das Ave Maria in der Lourdes-Version. Was für ein außergewöhnliches Ende eines Restaurantbesuches!

»Wir beten auch immer für all unsere Gäste«, sagt mir Schwester Rolande zum Abschied. Und ich danke ihr und ihren Mitschwestern für dieses ganz besondere Abendessen. Übrigens: Tagsüber kümmern sich die »Missionarischen Arbeiterinnen« um die Armen und Obdachlosen in Rom. Die bekommen im L'Eau Vive nämlich jeden Mittag kostenlos zu essen – querfinanziert durch die Einnahmen des Abendgeschäftes. Deshalb: Gehen Sie zu den Nonnen in der Nähe des Pantheons. Sie werden dort einen Abend erleben, an den Sie sich noch lange erinnern werden, und tun gleichzeitig auch etwas Gutes.

Stefan und Stefano in Trastevere

Funky Musik auf der Piazza

Was wäre eine Nacht in Rom ohne coole Livemusik? Nicht, dass ich etwas gegen das gerade gehörte Ave Maria der Nonnen hätte, ganz im Gegenteil. Aber jetzt meine ich: funky Straßenmusik, und zwar auf dem Vorplatz einer der lässigsten Bars der Stadt. Und wer könnte mich dorthin besser begleiten als jemand, der wirklich extrem viel Ahnung von Musik hat?

Stefano Maggio ist halb in München und halb in Rom zu Hause – er ist sowohl in Italien als auch in Deutschland einer der erfolgreichsten Musikproduzenten überhaupt. Stefano arbeitet als DJ bei internationalen High-Class-Events, ist Vocal-Coach in TV-Shows, arrangiert Songs für die ganz Großen in der Musikbranche. Und darüber hinaus ist er ein unglaublich lustiger und angenehmer Mensch, mit dem man sehr gerne den Abend verbringt. Also: zurück nach Trastevere, zur Piazza di Santa Maria in Trastevere, dem pulsierenden Herzen des Viertels.

»Ciao Stefan«, ruft mir Stefano mit breitem Grinsen zu, als ich ihn dort am Brunnen sitzen sehe. Wir umarmen uns herzlich. Stefanos Frau arbeitet als Ärztin im Kinderkrankenhaus des Vatikans – Sie wissen nun also auch, wer mich, dank seiner *Tessera*, in den Vatikan-Supermarkt mitgenommen hat (siehe S. 56). »Komm, lass uns zur Bar San Calisto gehen«, fordert er mich auf, »die ist gleich hier um die Ecke und eine absolute Institution in Rom.« Nur ein paar Schritte von der Piazza in die nächste Straße hinein, und schon stehen wir inmitten zahlloser junger Menschen, die ausgelassen feiern. Sie tanzen zu den Beats der Funkallisto Band, bestehend aus einer Frau und vier Männern, fast alle im reiferen Alter, die mit Bass, E-Gitarre, Saxofon, Posaune und Schlagzeug sehr coole *funky music* machen – wie der Bandname schon erahnen lässt.

»Die sind wirklich extrem gut«, ruft Stefano gut gelaunt über die feiernde Menge hinweg, »sie stehen oft auch auf dem Ponte Sisto, also der Brücke, die von der Piazza Trilussa in Trastevere abgeht. Auch da ist an den Wochenenden richtig was los, im Sommer stehen da Hunderte von jungen Leuten – eine richtig coole Atmosphäre. Genau wie hier«, fährt Stefano fort, während er auf die Bar San Calisto deutet.

Im Gespräch mit Stefano Maggio

Du hast gesagt, diese Bar sei eine echte Institution...
Ja, die Bar San Calisto ist eine der ältesten in Trastevere. Hier wurden sogar schon einige Kinofilme gedreht. Und glaub mir: Hier trifft sich wirklich alles, was das römische Leben zu bieten hat.

Wer kommt denn zum Beispiel hierher?
Naja, das gesamte soziale Spektrum. Zum Beispiel die feine, reiche, adelige Signora aus ihrem Palazzo von nebenan. Aber genauso auch der etwas abgerockte Typ, der schon morgens sein erstes Bierchen braucht. Man kann wirklich sagen: Das hier ist die letzte echte »Volks-Bar« in Rom. Morgens kommen die Anzugträger für einen

caffè und ein *cornetto*. Tagsüber dann die Mütter, die ihren Kindern ein Eis kaufen. Und abends sind es vor allem viele junge Leute. Eine richtig gute Mischung, es sind immer sehr viele Einheimische hier.

Und die Musik ist wirklich super!

Ja, die Funkallisto Band hat wirklich was drauf. Aber man findet hier ja praktisch an jeder zweiten Straßenecke ziemlich gute Livemusik. Übrigens, eine ganz besondere Zeit in Rom ist die *Estate Romana*, also der »Römische Sommer«. Das ist ein Kultur-Festival von Juni bis Ende August. Entlang des Tibers gibt es dann viele Kleinkunst-bühnen, Livemusik, Restaurants und Bars. Und zum Beispiel auch Opernaufführun-gen in den Caracalla-Thermen, das ist echt ein ganz besonderes Erlebnis – den Sommer in Rom sollte man auf keinen Fall verpassen.

Also: auf die Ewige Stadt! Stefano und ich prosten uns zu, während wir weiter den *funky beats* der Funkallistos lauschen. Und wir sind uns gerade sehr sicher, genau zur richtigen Zeit am richtigen Ort zu sein. Aber wo auch immer Sie Ihre Abende in Rom verbringen – Sie werden sie ziemlich sicher lieben! Egal ob bei Antonio und seinem besonderen Aperitivo, bei den tanzenden und singenden Nonnen am Pan-theon oder mit coolen Beats vor der Bar San Calisto. Denn wie schon am Anfang des Buches gesagt: Der Name ROMA heißt rückwärts gelesen AMOR. Und das kann doch wirklich kein Zufall sein!

Funkallisto in voller Aktion auf der Tiberbrücke Ponte Sisto.

Aperitivo mit einem Glas Naturwein und leckeren Häppchen. Wer könnte da widerstehen?

Wo und wann?

Latteria Trastevere

Sympathische Bar mit toller Weinkarte und leckerem Essen. Ganz früher standen im Schankraum zwei Kühe, daher der Name »Latteria« – Milchgeschäft.

- Vicolo della Scala 1 | 00153 Roma
  Tel. +39 06 58 33 20 08
  E-Mail: acossu69@gmail.com
  Instagram: @latteria_trastevere
  Montag–Donnerstag 17.30–0.30, Freitag und Samstag 12–1, Sonntag 12–24 Uhr

Restaurant L'Eau Vive

Geführt von Ordensfrauen, die für ihre Gäste kochen und gemeinsam mit ihnen singen.

- Via Monterone 85–85A | 00186 Roma
  Tel. +39 06 68 80 10 95
  www.restaurant-eauvive.it
  E-Mail: info@restaurant-eauvive.it
  Montag–Samstag 12–14.30, 19–22 Uhr

Bar San Calisto

Die letzte Volks-Bar der Stadt – hier trifft sich Rom aus allen sozialen Schichten.

- Piazza di San Calisto 3
  00153 Roma
  Tel. +39 06 58 35 869
  www.barsancalisto.it
  E-Mail: info@barsancalisto.it
  Instagram: @barsancalisto
  Täglich 6.30–1.30 Uhr

Funkallisto Band

Eine Frau und vier Männer produzieren den coolsten Sound der Ewigen Stadt; sie spielen häufig vor der Bar San Calisto oder auf der Tiberbrücke Ponte Sisto.

- Tel. +39 38 96 49 57 00
  www.funkallisto.com
  E-Mail: info@funkallisto.com
  Instagram: @funkallisto

RESTAURANTS UND BARS

Noch mehr Ideen für das römische Nightlife gefällig? Die kulinarischen Tipps des deutschen Drei-Sterne-Kochs Heinz Beck gibt's auf S. 131 – hier finden Sie meine persönlichen Lieblingsrestaurants und -bars.

La Vittoria

Nur wenige Meter vom Vatikan entfernt treffen sich Einheimische, Touristen, Pilger und Schweizergardisten – eine bunte Mischung. Claudio, der Besitzer des Restaurants La Vittoria, ist ein herzensguter Mensch, der zusammen mit seinem freundlichen Personal römische Spezialitäten zu fairen Preisen serviert. Zum Abschied gibt's oft noch einen Limoncello aufs Haus.

• **Via delle Fornaci 15–17 | 00165 Roma**
www.ristorantelavittoria.com
Täglich 11.30-15 und 18–23 Uhr

Da Baffetto

Die beste Pizza der Stadt, so heißt es, isst man im Da Baffetto. Und tatsächlich: Im kleinen Laden im Herzen Roms, nur wenige Schritte vom Pantheon und der Piazza Navona entfernt, sind schnell alle Tische belegt. Der Pizzateig ist dünn, unglaublich knusprig und wird reichhaltig belegt. Nein, kein Geheimtipp, dafür ist einfach zu viel los im »Schnurrbart« – so heißt Baffetto übersetzt – aber das Warten lohnt sich definitiv. (Bild S. 7)

• **Via del Governo Vecchio 114**
00186 Roma
www.pizzeriabaffetto.it
Instagram: @pizzeria_da_baffetto
Täglich außer Mittwoch 12.30–16 und 18–0.30 Uhr

Le mani in Pasta

Artischockensalat, Thunfischtatar oder hausgemachte Pasta in allen Varianten, Farben und Formen: Für einen Abend im Le mani in Pasta sollten Sie unbedingt reservieren. Das Restaurant im Ausgehviertel Trastevere ist sehr beliebt – darunter kann mitunter der Service leiden –, doch das Essen ist exzellent!

• **Vie Dei Genovesi 37 | 00153 Roma**
Tel. +39 06 58 16 017
Täglich außer Montag 12.30-15 und 19.30–23.30 Uhr

I Quattro Mori

Papst Johannes Paul II. – als er noch Kardinal Wojtyła war – aß hier gerne *Porcheddu al forno,* knuspriges Spanferkel, Kardinal Joseph Ratzinger orderte lieber *Spigola* vom Grill, einen Seebarsch. Und an der Kombination »Kleriker« und »Fisch oder Fleisch« hat sich bis heute nichts geändert. Entscheiden Sie sich für das Fisch- oder Fleisch-Menü, Wasser und Wein sind im äußerst fairen Menüpreis inbegriffen. Und die Wahrscheinlichkeit, dass hier ein kirchlicher Würdenträger am Nebentisch diniert, ist immer noch ziemlich hoch.

- **Via di Santa Maria alle Fornaci 8**
  00165 Roma | Tel. +39 06 63 90 195
  Täglich 12–15 und 19–22.30 Uhr

Terrazza Borromini – Rooftop-Bar

Kann man auf dem Dach einer der bekanntesten Kirchen Roms sitzen, direkt neben den Kuppeln von Sant'Agnese, und auf einen der schönsten Plätze der Welt hinabschauen, die Piazza Navona? Auf der Terrazza Borromini geht genau das. Influencer finden diesen Ort *very instagrammable*. Ohne Reservierung kommt man allerdings nicht hinauf – und so richtig betrinken sollte man sich auch nicht, denn die Preise bewegen sich in derselben Höhe wie die Bar. Die Aussicht von dieser Rooftop-Bar ist aber wirklich spektakulär.

- **Via di Santa Maria dell'Anima 30**
  00186 Roma
  www.terrazzaborromini.com
  Instagram: @terrazzaborromini
  Täglich 12–23 Uhr

Club Derrière – Speakeasy-Bar

Fast wie bei Harry Potter: In der Osteria delle Coppelle steht in einer Ecke ein Wandschrank – und immer wieder kommen Menschen aus diesem Schrank heraus oder gehen in ihn hinein. Klingt schräg, doch dieser Schrank führt in eine versteckte Speakeasy-Bar, in der schummriges Licht und gute Cocktails auf die Besucher warten. Ach, und nicht vergessen: Die Toilette befindet sich hinter dem Bücherregal!

- **Vicolo delle Coppelle 59**
  00186 Roma
  www.speakeasy-secrets.com/bar/
  club-derriere
  Instagram: @clubderriere
  Täglich 22–4 Uhr

Beim Drink auf der Terrazza Borromini liegt einem Rom zu Füßen.

Entspannte Pause unter Bougainvilleen auf der Piazza di Pietra gegenüber der Hadriansvilla.

Und noch mehr Rom

Das lohnt sich außerdem

Sie haben nun meine Lieblingsorte in der Stadt kennengelernt. Darüber hinaus ist Rom jedoch noch für viele weitere Sehenswürdigkeiten berühmt, die Sie nicht verpassen sollten.

Sixtinische Kapelle

Höhepunkt eines Besuchs der Vatikanischen Museen ist die Sixtinische Kapelle, in der sich die Kardinäle zum Konklave, der Papstwahl, einfinden. Michelangelos Deckenmalereien sind das Meisterwerk der Renaissancekunst: Nicht Düsternis, sondern kräftige Farbtöne waren typisch für das toskanische Genie. Dargestellt sind Szenen aus der Schöpfungsgeschichte.

Beeindruckend ist auch Michelangelos berühmtes Spätwerk, das Jüngste Gericht (1536-1541) an der Altarwand, das über 30 Jahre nach der Vollendung der Deckengemälde entstand.

• Viale Vaticano | 00120 Città del Vaticano
www.museivaticani.va
Mo-Sa 9–18, letzter So im Monat
9–14 Uhr
Eintritt 17 Euro

Zeitgenössische Kunst in spektakulärer Architektur: MAXXI

Antikes Zentrum

Das antike Zentrum der Ewigen Stadt, Kolosseum, Colle Oppio mit der Domus Aurea, Kaiserforen, Forum Romanum und Kapitol, durch die urbanistischen Eingriffe Mussolinis zerstückelt und getrennt, wurde 2017 als Parco archeologico del Colosseo zusammengefasst. Der archäologische Park soll künftig bis zur Via Appia Antica erweitert werden. Die Ausgrabungen in den Foren liefern nicht nur spannende Forschungsergebnisse zur Frühzeit der Stadt, sondern rekonstruieren auch den ursprünglichen baulichen Zusammenhang.

• www.colosseo.beniculturali.it
Kombiticket 22 Euro, erhältlich an Kolosseum, Forum Romanum und Palatin

Piazza Navona

Als einer der schönsten Plätze Roms zieht die ovale Piazza Flaneure magisch an: Kirchen und Paläste römischer Adeliger und Kardinäle zeugen vom Bauboom der Renaissance und des Barock. In der Platzmitte zeigt Gian Lorenzo Berninis Fontana dei Fiumi (Vierströmebrunnen, 1648–1651) allegorische Figuren von Donau, Ganges, Nil und Rio de la Plata. Sie symbolisieren die vier damals bekannten Erdteile. Die beiden Brunnen am Süd- und am Nordende der Piazza schuf Giacomo della Porta (1757/75). Besonders hervorzuheben sind die Barockkirche Sant'Agnese in Agone von Francesco Borromini und der Palazzo Braschi, der das Museo di Roma beher-

bergt und den Papst Pius VI. 1791 für seinen Neffen bauen ließ.

Santa Maria Maggiore

Die populärste der vier römischen Papstbasiliken, 434 geweiht, ist die größte der 80 Marienkirchen Roms und weithin sichtbar – was nicht zuletzt am 75 Meter hohen Glockenturm liegt. Während die Außenfassade im 16.–18. Jahrhundert einschneidende Veränderungen erfuhr, beeindrucken im Inneren frühchristliche Mosaike aus dem 5. Jahrhundert, ebenso wie Grabmonumente einiger Päpste (13.–17. Jahrhundert) in den Seitenkapellen. Die Cappella Sforziana entwarf Michelangelo.

• Piazza di Santa Maria Maggiore
00100 Roma
www.vatican.va
Tgl. 7–18.45 Uhr

MAXXI

Das von der irakisch-britischen Architektin Zaha Hadid entworfene Museo nazionale delle arti del XXI secolo (Nationalmuseum für Kunst des 21. Jahrhunderts), kurz MAXXI, ist der schönste Beweis dafür, dass die italienische Hauptstadt keineswegs in der Vergangenheit verharrt. Hier finden immer mehrere interessante Wechselausstellungen gleichzeitig statt

• Via Guido Reni 4a
00196 Roma
www.maxxi.art
Di–Fr 11–19, Sa, So 10–19 Uhr
Eintritt ca. 15 Euro

Infos von A-Z

ÄRZTLICHE VERSORGUNG

Für alle EU-Bürger sind Arztbesuche und ambulante Behandlungen in Krankenhäusern gegen Vorlage der Europäischen Versicherungskarte, die in die übliche Versicherungskarte integriert ist, kostenlos. Zusätzlich empfiehlt sich allerdings der Abschluss einer Auslandskranken- und Rückholversicherung. Wichtige Medikamente gehören ins Handgepäck.

BARRIEREFREIES REISEN

Rom ist – im Gegensatz zum Vatikan – keine behindertengerechte Stadt, und auch die öffentlichen Verkehrsmittel sind nur sehr eingeschränkt nutzbar. Nur wenige Metrostationen sind behindertengerecht ausgebaut.

- **HandyTurismo:** Via dell'Acquedotto Felice 73, 00168 Roma (Mo–Fr 9–17 Uhr), Tel. +39 06 35 07 57 07 (engl.), Service-Tel. 06 57 17 70 94
- **Turismo di Roma:** www.turismoroma. it/it/roma-accessibile

DIPLOMATISCHE VERTRETUNGEN

Bundesrepublik Deutschland

- **Botschaft und Konsulat:** Via San Martino della Battaglia 4, 00185 Roma, Tel. +39 06 49 21 31, www.rom.diplo.de

Österreich

- **Botschaft:** Via Pergolesi 3, 00198 Roma, Tel. +39 068 44 01 41
- **Konsulat:** Viale Bruno Buozzi 111, 00197 Roma, Tel. +39 068 41 82 12 www.bmeia.gv.at/oeb-rom

Schweiz

- **Botschaft:** Via Barnaba Oriani 61, 00197 Roma, Tel. +39 06 809-571/-572
- **Konsulat:** Largo Elvezia 15, 00197 Roma, Tel. +39 06 809 571 www.eda.admin.ch/roma

INFORMATION

Turismo di Roma/Punto Informativo Turistico (P. I. T.)

- **Aeroporto Fiumicino** (Terminal 3, Ankunftshalle): Via dell'Aeroporto di Fiumicino, 00054 Fiumicino
- **Aeroporto G.B. Pastine** (Ankunftshalle, Gepäckabholung): Via Francesco Baracca, 00043 Ciampino
- **Stazione Roma Termini** (Gebäude F, Gleis 24): Via Giovanni Giolitti 34, 00185 Roma
- **Fori Imperiali:** Via dei Fori Imperiali 1, 00186 Roma
- **Appia Antica:** Via Appia Antica 60, 00179 Roma
- **Minghetti:** Via Marco Minghetti/Via del Corso, 00187 Roma

- **Castel Sant'Angelo:** Piazza Pia, 00193 Roma www.turismoroma.it oder www.060608.it

Pilger- und Touristenamt (Ufficio Pellegrini e Turisti)
Piazza San Pietro, 00120 Città del Vaticano, Tel. +39 06 69 88 23 50, www.vatican.va

Deutsches Pilgerzentrum
Via del Banco di Santo Spirito 56, 00186 Roma, Tel. +39 06 68 97 197 www.pilgerzentrum.net

Büro der ENIT (Rom)
Via Marghera 2/6, 00185 Roma, Tel. +39 06 49 711, www.enit.it

Büro der ENIT für Deutschland, Österreich und Schweiz
Barckhausstr. 10, 60325 Frankfurt/Main, Tel. 069/25 91 26 www.enit.de

NOTRUF

- **Polizei, Feuerwehr, Unfallrettung**
  Tel. 112
- **Pannendienst des ACI**
  Tel. +39 80 31 16
  Mobil-Tel. 800 11 68 00
- **ADAC-Notrufnummer in Italien**
  Tel. 800 32 22 22 (24 Std., kostenfrei)
  Mobil-Tel. +39 03 92 10 41

ÖFFNUNGSZEITEN

- **Banken:** Mo–Fr 8.30–13.30 und 14.15 bis 15.30 oder 15.30–16.15 Uhr
- **Geschäfte:** 8.30/9–12.30/13 Uhr sowie 15.30/16–19.30/20 Uhr. Lebensmittelläden sind Do nachmittags, sonstige Geschäfte Okt.–Juni Mo vormittags, Juni–Okt. Sa nachmittags und So geschlossen. Viele Geschäfte im Zentrum öffnen länger.
- **Kirchen:** Mittags oft geschlossen.
- **Museen:** Manchmal ergeben sich kurzfristige Änderungen, die über die Website oder Anfragen vorab zu klären sind. Kassen schließen im Allgemeinen 30–60 Minuten früher als die Ausstellungsräume. Die meisten Sammlungen sind Mo geschlossen. www.060608.it, www.culturaitalia.it

PARKPLÄTZE

Die Zufahrt ins historische Zentrum (ZTL-Bereich) ist nur mit einer speziellen Genehmigung erlaubt. Die Hotelanfahrt ist gestattet. Allerdings müssen Sie Ihr Kennzeichen vorher registrieren lassen. Bitten Sie Ihre Hotelrezeption darum, das für Sie zu übernehmen.

Während Ihres Aufenthaltes sollten Sie das Auto in der Hotelgarage lassen.

Ansonsten parken Sie auf einem der bewachten (kostenpflichtigen) Parkplätze am Stadtrand (innerhalb des Autobahnrings), die an den öffentlichen Nahverkehr angeschlossen sind. www.atac.roma.it

- **Rebibbia** (Nordosten, Metrolinie B), Zufahrt: Via Casal de' Pazzi
- **Anagnina** (Süden, Metrolinie A), Zufahrt: Via Tuscolana
- **Laurentina** (Süden, Metrolinie B), Zufahrt: Via Francesco De Suppè

POST

Alle größeren Postämter haben ähnliche Öffnungszeiten.

- **Hauptpost:** Piazza San Silvestro, 00187 Roma, Tel. 06 67 71; Mo–Fr 8.30–18.30 Uhr, Sa 8.30–13 Uhr
- **Kleinere Postämter** öffnen 8.30 bis 14 Uhr, Sa bis 13 Uhr
- **Vatikanpost:** links und rechts (bei den Toiletten) an der Piazza San Pietro, 00120 Città del Vaticano, Mo–Fr 8.30–19, Sa 8.30–18.45 Uhr, So geschl.

RECHNUNGEN UND BELEGE

Quittungen *(ricevuta fiscale)* inkl. Mehrwertsteuer *(IVA)* für Dienstleistungen in Restaurants, Autowerkstätten o.Ä. muss man einige Zeit für eventuelle Kontrollen der Finanzpolizei aufbewahren.

SICHERHEIT

Taschendiebstähle, z.B. in den überfüllten Verkehrsmitteln, kommen häufig vor. Deponieren Sie Wertsachen im Hotelsafe und parken Sie nur in Garagen oder auf bewachten Parkplätzen. Diebstähle melden Sie bei einer Polizeidienststelle oder Carabinieri-Station.

- **Städtische Polizei:** Tel. 06 67 69 1

TELEFON UND HANDY

Die Ortsvorwahl ist fester Bestandteil der Telefonnummer, die »0« wird auch bei Telefonaten aus dem Ausland mitgewählt. Bei Handynummern fällt die »0« weg. Italienische Mobilnummern beginnen mit einer »3«.

- **Internationale Ländervorwahlen:** Deutschland 00 49; Italien 00 39; Österreich 00 43; Schweiz 00 41.

KOMBITICKETS FÜR MUSEEN

Die nachfolgenden Kombitickets sind bei den Infopunkten für Touristen sowie an den jeweiligen Museumskassen und online meist mit einer Vorverkaufsgebühr von 1–2 Euro erhältlich. Der Eintritt für Museen kostet in der Regel zwischen 10 und 15 Euro. In staatlichen Museen haben alle Kinder unter 6 Jahren immer, EU-Bürger unter 18 am ersten Sonntag im Monat gegen Vorlage des Ausweises freien Eintritt, ansonsten bekommen 6–24-Jährige Ermäßigungen. Für Sonderausstellungen werden Zuschläge erhoben.

- **Weitere Infos:** www.ticket.museiincomune roma.it

Capitolini Card

Die Capitolini Card (14,50 Euro, 7 Tage gültig) ermöglicht den Eintritt in die Kapitolinischen Museen und die Centrale Montemartini.

- www.museicapitolini.org

La Mia Appia Card

Die Card (10 bzw. 12 Euro, 1 Jahr gültig) gewährt den Zugang unter anderem zu den Terme di Caracalla, dem Mausoleo di Caecilia Metella und der Villa dei Quintili.

• www.parcoarcheologicoappiaantica. it/servizi-al-cittadino/la-mia-appia-card

Museo Nazionale Romano

Mit dem Ticket Museo Nazionale Romano (14 Euro, 7 Tage gültig) gelangt man in die vier Zweigstellen des Museums (Diokletiansthermen, Palazzo Massimo, Crypta Balbi, Palazzo Altemps).

• www.museonazionaleromano.beni culturali.it

Roma Pass

Der Roma Pass gilt 48 oder 72 Stunden (32 bzw. 52 Euro) und beinhaltet freien Eintritt zum ersten bzw. zu den ersten beiden der besuchten Museen oder archäologischen Stätten, Ermäßigungen bei allen weiteren sowie die freie Nutzung des Nahverkehrs.

• www.romapass.it

ZOLL

Für Reisende aus EU-Staaten sind, sofern für den persönlichen Genuss bestimmt, zollfrei: 800 Zigaretten, 200 Zigarren, 1 kg Tabak, 10 l Spirituosen, 20 l Zwischenerzeugnisse wie Sherry oder Marsala, 110 l Bier, 60 l Schaumwein, 10 kg Kaffee.

Schweizer dürfen Geschenke oder Waren für den persönlichen Gebrauch im Wert von bis zu 300 CHF, 250 Zigaretten oder Zigarren, 250 g Tabak, 5 l Spirituosen bis 18 % Vol., 1 l Spirituosen über 18 % Vol., 1 kg Fleisch, 1 kg Butter/Rahm und 5 l Öle, Fette oder Margarine mit nach Hause bringen.

Centrale Montemartini: Antike Kunst in Industriekulisse

Register

Grazie di cuore —
vielen Dank von Herzen!

Danke sagen möchte allen Protagonistinnen und Protagonisten dieses Buches für ihre spannenden Geschichten, die meine Liebe zu Rom noch weiter haben wachsen lassen: Dr. Francesca Guarneri, Dominik Keusch, Dr. Hans-Peter Fischer, Dr. Mario Popović, Filippo Sorcinelli, Fausto Rossi, Dr. Giorgio Battioni, Rory Bruce, Dr. Rafael Starnitzky, Christine Pawlata, Vilma Limentani, Sergio Esposito, Heinz Beck, Dr. Karin Mair, Bruder Thomas M. Schied OFMCap, Alessia Caruso Fendi, Fra Piero Sirianni OFMCap, Yamid Castiblanco SJ, Don Massimo Marelli SJ, Antonio Cossu, Sœur Rolande DDMF und Stefano Maggio. Von Herzen danke ich außerdem Anne-Katrin Scheiter, Dr. Philip Laubach, Marie Luise Lapczyna und Florian Landgraf von POLYGLOTT, die mich mit viel Lust und Leidenschaft bei diesem Projekt unterstützt haben. Ein großer Dank auch an meinen großartigen Lektor von der »Werkstatt München«, Martin Waller, für seine Flexibilität, Schnelligkeit und Liebe zum Detail. Ich danke Maximilian Halbe für das Coverfoto, Jens Koch für das Autorenfoto und meiner Agentin Claudia von Spreckelsen für die langjährige, vertrauensvolle Zusammenarbeit. Und — hömma Hape! — vielen Dank auch für die Lobhudelei. Was wären wir alle ohne unsere Familie und Freunde?! Herzlichen Dank an: Sabine, Maria, Wilhelm, Markus, Sabine, Justus, Jakob, Axel, Pia, Klaus, Steve, Thomas, Björn, Andrea, Markus, Jai, Max, Konrad, Rolf, Tobias, Silvano, Christina, Zoltan, Agustín, Daniel, Wiebke, Sandra, Nikolas, Frank, Hendrik, André, Gregorio, Fabrizio, Luigi, Max, Philipp, Tanja, Holger, Daniela, Andreas, Ulf, Ingo, Heinz, Siniša, Michael, Marion, Leander, Marco, Fabian und Tabea für ihre Unterstützung, Freundschaft und Liebe!

Bildnachweis

Impressum

© 2022 GRÄFE UND UNZER
VERLAG GmbH, Postfach 860366,
81630 München

POLYGLOTT ist eine eingetragene Marke
der GRÄFE UND UNZER VERLAG GmbH

ISBN 978-3-8464-0827-8

2. Auflage 2022

Autor: Stefan Gödde
Redaktion und Projektmanagement:
Anne-Katrin Scheiter
Lektorat: Martin Waller, Werkstatt
München – Buchproduktion
Satz: Werkstatt München – Buchproduktion
Kartografie: Gerald Konopik,
Fürstenfeldbruck
Schlusskorrektur: Ulla Thomsen
Umschlaggestaltung und Layout:
Favoritbuero Gbr
Herstellung: Gloria Schlayer
Repro: Medienprinzen, München
Druck und Bindung: Livonia Print,
Lettland

GRÄFE UND UNZER

Ein Unternehmen der
GANSKE VERLAGSGRUPPE

Wichtiger Hinweis
Die Daten und Fakten für dieses Werk wurden mit äußerster Sorgfalt recherchiert und geprüft. Wir weisen jedoch darauf hin, dass diese Angaben häufig Veränderungen unterworfen sind und inhaltliche Fehler oder Auslassungen nicht völlig auszuschließen sind, zumal zum Zeitpunkt der Drucklegung die Auswirkungen von Covid-19 auf das Hotel- und Gastgewerbe vor Ort nicht vollständig abzusehen waren. Für eventuelle Fehler oder Auslassungen können Gräfe und Unzer und die Autoren keinerlei Verpflichtung und Haftung übernehmen.
Aus Gründen der besseren Lesbarkeit wird in diesem Buch bei Personenbezeichnungen das generische Maskulinum verwendet. Es gilt gleichermaßen für alle Geschlechter.

**Ansprechpartner für den
Anzeigenverkauf:**
KV Kommunalverlag GmbH & Co. KG,
MediaCenter München, Tel. 089/928 09 60

**Bei Interesse an maßgeschneiderten
B2B-Produkten:**
roswitha.riedel@graefe-und-unzer.de

Leserservice
GRÄFE UND UNZER Verlag
Grillparzerstraße 12
81675 München
www.graefe-und-unzer.de

Umwelthinweis
Nachhaltigkeit ist uns sehr wichtig. Der Rohstoff Papier ist in der Buchproduktion hierfür von entscheidender Bedeutung. Daher ist dieses Buch auf PEFC-zertifiziertem Papier gedruckt. PEFC garantiert, dass ökologische, soziale und ökonomische Aspekte in der Verarbeitungskette unabhängig überwacht werden und lückenlos nachvollziehbar sind.

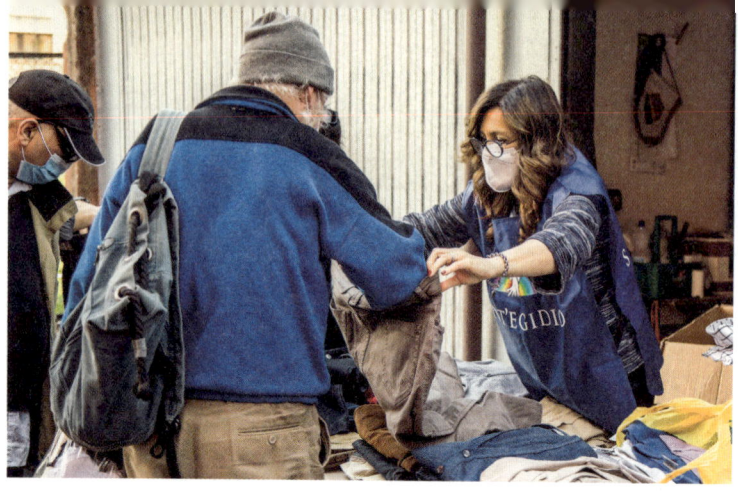

Durch den Kauf dieses Buches haben Sie Gutes getan!

Wie schon bei »Nice to meet you, Jerusalem!« spendet der Autor seinen Anteil an den Verkaufserlösen des Buches an einen guten Zweck – diesmal an die internationale Gemeinschaft Sant'Egidio. Sie wurde im römischen Stadtteil Trastevere gegründet mit dem Ziel, weltweit Armut zu bekämpfen und Frieden zu stiften. Und der Priester Moise Moriba Beavogui von Sant'Egidio hat eine Botschaft für Sie:

Stefan und ich lernten uns vor einigen Jahren in der Kirche Santa Maria in Trastevere kennen. Dort lädt die Gemeinschaft Sant'Egidio täglich um 20 Uhr zu einem Abendgebet ein. Sant'Egidio ist eine internationale Laienbewegung, die 1968 von Andrea Riccardi gegründet wurde. Im Lauf der Jahre ist ein Netzwerk von Gemeinschaften in über 70 Ländern der Welt entstanden, mit einer besonderen Aufmerksamkeit für die Menschen am Rande. Zur Gemeinschaft gehören Männer und Frauen jeden Alters und aller Schichten, die im Hören auf das Evangelium und im ehrenamtlichen und unentgeltlichen Einsatz für die Armen und für den Frieden geschwisterlich vereint sind. Friedensarbeit und eine Freundschaft mit Bedürftigen – alten Menschen, Obdachlosen, Migranten, Menschen mit Behinderung, Gefangenen, Straßenkindern und Kindern der Peripherie – gehören zum Charakterzug des Lebens der Mitglieder von Sant'Egidio. Auch in verschiedenen Städten Deutschlands gibt es unsere Gemeinschaften, die im gleichen Geist des Gebets, der Armen und des Friedens leben.

Durch den Kauf dieses Buches haben Sie unsere Arbeit unterstützt – dafür danke ich Ihnen im Namen der Gemeinschaft Sant'Egidio von Herzen.

Ihr Moise Moriba Beavogui
Sant'Egidio Rom
www.santegidio.org